走进经典案例教学

两堂管理案例课

IMMERSION IN THE CLASSIC CASE METHOD

Two Business Case Classes

慕凤丽

〔加〕金汉弛（James E. Hatch）

著

北京大学出版社
PEKING UNIVERSITY PRESS

图书在版编目(CIP)数据

走进经典案例教学：两堂管理案例课/慕凤丽，（加）金汉弛（Hatch, J. E.）著.—北京：北京大学出版社，2016.1
ISBN 978-7-301-26521-5

Ⅰ.①走… Ⅱ.①慕…②金… Ⅲ.①管理学-案例-教学研究-高等学校 Ⅳ.①C93

中国版本图书馆CIP数据核字（2015）第269285号

书　　名	走进经典案例教学：两堂管理案例课 ZOUJIN JINGDIAN ANLI JIAOXUE: LIANGTANG GUANLI ANLIKE
著作责任者	慕凤丽　〔加〕金汉弛（James E. Hatch）
责任编辑	徐冰
标准书号	ISBN 978-7-301-26521-5
出版发行	北京大学出版社
地　　址	北京市海淀区成府路205号　100871
网　　址	http://www.pup.cn
电子信箱	编辑部 em@pup.cn　　总编室 zpup@pup.cn
新浪微博	@北京大学出版社　@北京大学出版社经管图书
电　　话	邮购部 62752015　发行部 62750672　编辑部 62752926
印刷者	北京中科印刷有限公司
经销者	新华书店
	787毫米×1092毫米　16开本　4印张　65千字
	2016年1月第1版　2024年1月第4次印刷
定　　价	25.00元

未经许可，不得以任何方式复制或抄袭本书之部分或全部内容。
版权所有，侵权必究
举报电话：010-62752024　电子信箱：fd@pup.cn
图书如有印装质量问题，请与出版部联系，电话：010-62756370

序言

"经典案例教学"一词来自同是北京大学出版社出版的《案例教学在中国：机遇与挑战》（2015）一书。为了探讨这个话题，两位作者在两年里深度访谈了中国20家最佳商学院，发现案例教学在中国商学院存在着很多不同的形式，遂将它们按照体验式学习的深度划分为三大类：**讲授说明式案例教学、经典案例教学，以及项目式案例教学**。其中，经典案例教学专指哈佛、毅伟商学院所采用的案例教学形式。

《案例教学在中国：机遇与挑战》一书完成后，作者在征求意见时，教学经验丰富的谭俊峰老师提出：细究之下，这些案例教学形式从教学目标设计、教学过程组织和师生参与角色等方面都非常不同，但我们可以将哈佛、毅伟式案例教学作为一个很好的坐标，来理解和实施这些不同形式的案例教学，有没有简单的办法让读者很容易就明白哈佛、毅伟式案例教学到底是什么样？

谭老师是我"死党"级朋友，他的话我自然认真。所以就有了这本小书，即为回应这个问题：**两个小时的轻松阅读，即可清晰了解经典案例教学！**

清晰了解经典案例教学的目的不为照搬照抄，只为更好地借鉴，然后提高我们自己的教学与培训水平！但是目前国内关于经典案例教学还普遍存在如下误读：

误读之一：经典案例教学就是学习成功企业案例的经验，或是汲取失败企业案例的教训。经典案例教学的目的在于**提高管理决策能力**，而不是学习"成功之道"。它有着明确的学习目标和清晰的过程设计，企业案例是教学过程中的一个鲜活工具而已，被选中的企业案例不是因为它成功了或者失败了，更多是因为有趣、有代表性，能帮助学生更好地进入管理决策的角色，更好地运用教学目的中的理论内容。毅伟商学院的陈时奋教授有一个很好的比喻：案例教学是一个"借尸还魂"的过程，即借助真实的管理案例（"尸"）提高管理能力（"魂"）的过程。

误读之二：案例教学就是传统教学加上案例使用。"教"与"学"的角色在经典案例教学中完全不同于中国的传统教学，学生是学习的中心，教师是引导者和帮助者。Jim 教授多次和我提到过这个不同：一次案例教学结束后，如果学生的反映是"这个老师真牛真博学"，教师成了课堂上的明星，那么这次案例教学就是失败的；如果学生的反映是"这节课我收获真多"，那么这次案例教学才是成功的。

误读之三：一次案例教学追求多个或宽泛的教学目标，如通过一个案例的教学让学生学会企业战略规划的制定或是人力资源管理系统的应用等。在毅伟商学院的经典案例教学中,每一位脱产 MBA 在一年时间中要学习 20 几门课程,这些课程共使用 300 个左右的案例,每个案例的教学都只是很清晰、很具体的那么一两个目标。如果一个案例的教学目标有许多个,那么教学深度就很难保证,课堂讨论也成了泛泛的意见交流。

为了澄清这些误读,让读者清晰地了解经典案例教学,本书特别呈现了两位作者的两堂案例课,力图让即便没有任何理论基础的读者也能达到清晰了解、轻松阅读的目的。这两个课堂有很多共同的特点,包括:

- 两个案例都是来自毅伟案例库(Ivey Publishing)的经典案例。
- 两个案例都经过多次课堂教学实践,且有着很好的教学效果。
- 中国读者对两个案例的背景都非常熟悉:它们都来自江浙一带的中小型企业。
- 案例中的管理决策问题都非常清楚、具体。
- 所涉及的理论知识都做了生动解释,没有任何理论基础的读者也可以轻松理解。
- 都采用了案例中决策者的视角,并采用了小说的写作手法,生动有趣。

这两个案例课堂还有一些不同的特点,在选取时力求涵盖管理专业的案例教学全貌,同时还能反映在中国进行经典案例教学的现实情况:

- 一个代表"hard"课程，如会计学、财务管理学、商务统计、管理信息系统和微观经济学等，这类课程客观分析多，数据计算多，设计包含管理决策的案例教学比较困难。一个代表"soft"课程，如战略管理、组织变革、人力资源管理、组织行为学、创业管理等，这类课程理论观点多，主观看法多，比较容易设计包含管理决策的案例教学，但课堂讨论容易发散，在引向深度的课堂讨论时有困难。
- 一位教师来自毅伟商学院，并在毅伟从事经典案例教学四十多年；一位教师来自中国政法大学商学院，在中国摸索案例教学十多年。
- 一个教学场景是毅伟商学院，使用的是马蹄形案例教学教室，学生来自世界各地；一个教学场景来自中国政法大学商学院，使用的是中国最常见的排排坐式教室，学生主要来自北京地区。

读完此书的读者若还有兴趣了解经典案例教学的来龙去脉，了解其他的案例教学形式，了解案例教学背后的理论框架，以及该理论框架如何指导你设计一个案例教学培训项目和培训课程，可继续阅读《案例教学在中国：机遇与挑战》，注意要准备至少两天的阅读时间！

慕凤丽
2015 年 10 月

目录

序言 / I

第一堂课　剩女卖父业

一　两年两次的父女"谈判" / 3
二　毅伟商学院之约 / 11
三　课前准备 10 小时 / 15
四　毅伟商学院 SPENCER 校区 / 27
五　Jim 的开场白 / 31
六　不谈财务的财务管理课 / 37
七　红星的出售价格 / 47
八　李楠怎么办？/ 57

第二堂课　选拔总经理

一　"集体上访"事件 / 61
二　法大商学院之邀 / 65
三　楚婕的人事任命风波 / 67
四　如果你是程开远 / 79
五　选拔决策重演 / 87
六　选人重要，还是用人重要？/ 103
七　机会与成长 / 113

后记 / 121

第一堂课

剩女卖父业

红星汽车销售与服务有限公司（Hong-xing Auto Sales and Service CO.）教学案例是收录于毅伟案例库（www.iveycases.ca）的财务管理案例。已进行过多次课堂教学实践，现从案例中决策者的角度描述她所经历的毅伟案例教学过程。

为了保护当事人隐私和增加阅读趣味性，作者对人名、地名甚至情节都做了掩饰性处理，请勿对号入座。

一 两年两次的父女"谈判"

2010年的大年初一,正好是阳历2月14日情人节。李楠很明显感觉到一家人对她处处赔着小心,因为今年她30岁了,不要说婚嫁,男朋友还没正经谈一个呢。别的年轻人都成双成对地欢度新年和情人节,她却难得一天空闲,蒙头在家补了个大觉。

在浙江金华这样的中小城市,过了30岁可就是"剩女"了,她一向风风火火忙得不亦乐乎,对自己的婚姻不太上心。家里人特别是老妈已经叨叨好几年了,就怕她30岁以前嫁不出去,现在真到30了,老妈反倒不在她面前唠叨了,估计是怕刺激到她,她也乐得耳根清净。

她心里并不在乎婚嫁,但她现在却得装得很在乎,因为这是她和老爸"谈判"的一个大筹码!两年前的春节,父女俩曾有过一次"谈判",结果是李楠从杭州回到了金华;两年后的今天,李楠要再次"谈判",争取从金华再去杭州。其实谈判结果没有悬念,但她真心希望老爸能够愉快地接受她的决定。

故事还要从更早时候讲起……

李楠的父亲李红星1945年出生,三年自然灾害时,他初中毕业进了街道工厂,后来街道工厂改成了集体企业,他也就成了那家汽车修理厂的普通技工。李红星业务上肯钻研,人缘又好,很快从一名普通技工被提拔为车间主任、厂长。1995年股改时,李红星东拼西凑地从亲戚朋友那里借了30多万元成为修理厂的唯一股东,并将汽修厂改名为"红星汽修厂"。那时的李楠刚好初中毕业,她记得很多人见面就和她说:"你爸成资本家、大老板啦!"她把这话当玩笑,因为她没见老爸和之前相比有啥变化:照样早出晚归一身油污、照样每月领工资一分不差地上交老妈!虽然工厂一天比一天红火,但除了还债,李红星把挣来的每一分钱都投进了工厂:翻盖了厂房、添置了新设备,还买了工厂旁边一块120亩的土地用于扩建。后来,汽修厂又增加了汽车销售业务,名字也随之改为"红星汽车销售与服务有限公司"。

李楠还有个哥哥,她出生后不久中国就开始实行计划生育政策了,所以李楠的出生让父母很有"白赚"一孩子的感觉,对她没什么特别的期望,只要她喜欢怎样都好:可以喜欢玩具汽车而不是娃娃,可以随便在汽修厂里乱动乱摸,即使把刚上身的花衣裳很快就扯俩口子也未受过多责罚。但父母对大她两岁的哥哥李东则态度大不一样:作为长子长孙,李东必须有出息,必须上大学！金华处处水洼溪流，哥哥7岁那年和邻居孩子玩水掉进水塘，被人救出来时断了气，好不容易才抢救过来，父母吓坏了，从此不允许哥哥再接近水塘，但父母工作忙，家里又没有老人帮忙，于是小小的李楠肩负起"监视看管"哥哥不玩水的任务。父母还特地安排哥哥晚一年上小学、李楠早一年上小学，让8岁的李东和6岁的李楠同级同班，以便于李楠对李东的"监视看管"。慢慢地，学校里的大事小情都是李楠向父母汇报，李楠成了事事操心的"女汉子"，李东则成了两耳不闻窗外事的闲云野鹤。1998年，两个孩子顺利考上大学，李楠专业选了机械制造，毕业后进了杭州一家机械工业设计院；李东选了财经，毕业后回金华税务局成为一名公务员。

两个孩子顺利长大成人，红星公司也蒸蒸日上，成了金华市的一块金字招牌。但天有不测风云，就在两年前即2008年的春节前夕，也是每年汽修厂业务最忙的时候，李红星像往常一样在厂里加班，多年来不分昼夜的工作使得他积劳成疾，心脏病突然发作，在医院昏迷了三天三夜。在杭州工作的李楠紧急请假回家，和家人一起在焦灼中等待了三个日夜后，李红星总算度过了危险期。他在医院住了一个月，赶在大年三十前出院回了家，那年的春节总算平安度过。在家人的力劝下，李红星开始重视医生的建议，准备长期休养。一家人在长舒一口气后,马上面临的问题就是:红星公司由谁来管?

李红星住院的一个月,李楠、李东都从单位请假回家,他们各管一摊:李楠负责老爸,每天几趟往来家里和医院;李东则负责生意,每天驻扎在汽修厂。年关前工厂的业务繁杂,合同续签催款、价格谈判和员工奖金福利发放等事情全都赶在一起,而李东一向不留心老爸的生意,除了数字看得懂,其他的工作做起来都非常吃力。再加上他已经很习惯公务员朝九晚五的生活节奏,不久前刚被提拔为科长,妻子怀孕马上要当爸爸,所以他第一个提出来绝不担当此任。

李红星大病初愈,一家人都很默契地迁就着他,怕惹他不高兴,李东虽然很明确地提出他的想法,但话说得很小心。虽然大病一场,李红星锐气未减,完全无法想象从此退休的生活,所以他希望的只是有人临时替代自己一两年,等他重拾健康再回到以往的工作中。按说李东是长子,应该奋勇当先,不过公务员的工作在当地确实很有面子,加上他从小被管束太多,已经习惯了不操心的安稳生活,试过一个月后,李东自己和大家都清楚他不是合适的人选。

说来说去,李楠成为不二人选!李红星其实早有此意,但老伴很不乐意,理由只有一个:李楠都28岁了,还从没有正经谈过一次论及婚嫁的恋爱。28岁的年纪在杭州也许还不算太大,若回到金华这个小地方可就真是

"剩女"了，再大的事业在女儿的婚姻大事面前那也是小事。拗不过老伴的坚持，李红星同意和女儿好好谈一谈，这就是前文提到的两年前父女的第一次"谈判"。

李楠性格大大咧咧，直爽率性，心里从来都憋不住话，但这次老爸住院对她触动太大，她硬是把自己准备辞职创业的新年计划憋了一个月啥也没说。从小到大，她心目中的老爸从来都是不可能倒下的高山，这一次，她得替老爸担当了。

"老爸，你放心，我回来替你好好盯生意！不过我有个条件。"

"条件你随便提，不过女婿你得自己找。"李红星和李楠一向投脾气，父女俩一样爽快。

既然老爸恢复了往日的风趣，李楠也就无所顾忌地和盘托出："我回来管两年红星公司，两年后不管你接不接手我都不管了，我要回杭州创业开个广告公司，你得投资我两百万作为我这两年的补偿！"

不像哥哥李东毕业后就一直在税务局安稳地工作，李楠大学毕业六年，工作换了好几茬，直到三年前在发小王艳的建议下加入王艳所在的广告公司，从那时起竟然一直待到现在，而且对广告行业也越来越有兴趣。王艳的父亲是和李红星一起进汽修厂的老伙伴，前两年刚退休，两家人一直走得很近。李楠和王艳从小一起长大，读大学也都在杭州。王艳大学选的是英语专业，毕业后一直在这家国际广告公司工作，是和李楠一样的"剩女"。两家老人有时候开玩笑说，就是两个女孩子在一起玩的时间太多了，所以挤不出时间谈恋爱才成了"剩女"！李红星一直以为李楠能在广告公司三年多不跳槽是因为王艳这个玩伴，现在看来，李楠是真喜欢上这一行了。

李楠和盘托出她和王艳准备离职，合伙创办一家广告公司的新计划，憧憬着为浙商打造自有品牌的梦想，听着李楠兴奋地描绘浙商品牌蓝图，李红星还无法一下子全部消化，但有一点他听明白了：红星公司不是李楠所指的浙商，不具有做成李楠所说的那种国际品牌的可能性。

"剩女也有好处，说干嘛就干嘛，不用像我哥拖家带口有那么多顾虑！让我哥过完春节再盯一个月红星公司，我交接下杭州的工作就回来！和王艳的创业计划嘛，我和她好好商量下，有您两百万投资，我们两年后再启动也行！"

父女俩一拍即合，李楠一个月后回金华接管红星公司生意，哥哥继续税务局的公务员工作。两年间，李楠不负家人期望，红星公司的生意颇有进步。红星公司两块业务的经理也都非常得力：负责维修业务的罗西是金华当地人，是李红星从杭州大型汽修厂挖来的。罗西看重的不仅是红星的高薪，还可以兼顾在金华的家庭。负责销售的王明则是李红星从上海的汽车经销商那里以高薪挖来的。

就这样，两年很快过去了，2010年的这个春节，李楠要和李红星进行第二次父女"谈判"，她要回杭州，与王艳重拾广告公司的创业梦想！

经过两年的调养，李红星健康大有好转，但毕竟之前那些年的工作太拼命，身体还是不如从前。加上这两年李东给他添了孙子，含饴弄孙的幸福和老伴对女儿婚嫁的担心，都让他的事业野心逐渐转移到家庭生活上，他决定自己从此退休、女儿生活听凭她自己的心愿，只要她喜欢怎样都行。

所以，第二次父女"谈判"更简单，李楠虽然去意已决，也知道老爸会同意她的决定，但她希望老爸能真正安心退休，希望老爸能开开心心地接受她的决定。李红星早猜透了李楠的心思，说："你也别琢磨我怎么想啦，我这次是真的决定退休啦。剩下的事全由你做主。你能继续管红星公司最好，愿意回杭州创业我也支持，但有个前提条件，你得负责把红星公司安顿好，怎么安顿也由你做主！200万的补偿你从公司拿走也行，从我和你妈的积蓄里拿也行，全听你安排！咱这家以后也靠你安排啦！"

李红星的话不是玩笑话，李楠管公司两年，让一家人真正见识了这个野丫头的能力，大事上也更依靠她了。李楠这两年在红星公司的发展上很投入,但她并不看好汽修厂的未来发展,若老爸不接手,卖掉公司回杭州创业是她早已有的打算。两年里,她和王艳也时不时聊起这个计划。真到了要她自己下这个决心的时候,她还真是很犹豫:工厂怎么卖老爸会安心?哪里去找买家?卖多少钱合适?

二 毅伟商学院之约

在两年前李楠回金华后,她的伙伴王艳也从广告公司辞职,远赴加拿大毅伟商学院攻读 MBA。这样,两年后毕业就可以回国与李楠会合,重新启动她们的创业计划。

王艳在加拿大时曾与李楠联系,希望以红星公司为蓝本写个财务管理案例,让李楠授权她可以直接和公司的会计索要任何需要的财务信息。

2011 年 12 月的一天,王艳突然从北京给李楠去电话说,她正和 60 个毅伟的 MBA 同学在中国游学,其中有一站会在杭州停留一天,若方便的话让李楠到杭州见个面,还要签个什么案例使用的授权合同,然后邮件发给她一个英文案例:*Hongxing Auto Sales and Service CO.*(《红星汽车销售与服务公司》),作者:Yan Wang, Zachery Rudell, James E. Hatch。

李楠提前打印出案例,去杭州见面的路上才抽出时间读,她很吃惊王艳如何了解到关于红星公司这么详尽的信息。转念一想王艳一家人和她一家人的关系,她爸也本是红星的老员工,她自然神通广大想了解啥都很容易了。

王艳在酒店门口等她,直接带她到了酒店大堂的咖啡厅,落座前,王艳先去前台打了个电话,告诉李楠案例的两位作者都在,一位是毅伟商学院的 Hatch 教授,他是这次中国游学项目的领队,一位是她的 MBA 同学,法国裔加拿大人 Zachery Rudell,他俩都会马上下来和她简短见个面。

自从李楠回金华接手红星公司,两个小伙伴的交流并不多。一个刚接手千头万绪的红星业务,每天忙得团团转;一个远赴异国他乡紧张地学习,据说每天只能睡四五个小时,再加上黑白正好颠倒的时差,俩人不多的交流也是各自微博、QQ 上更新的信息或是私信留言。这次是王艳去加拿大后第一次回国,还只是匆匆路过,她们在杭州只停留一天,日程安排得也很满,王艳只简单解释了一下自己的行程,就拿出一张企业案例授权使用书让李楠签字。李楠匆匆瞄了一下,大意是王艳他们写的案例是基于红星汽车销售与服务有限公司的真实情况,并将用于教学用途。她完全放心王艳对红星公司的描述,也非常想知道如何回答案例结尾提出的问题:如果要卖掉公司,还需要了解哪些信息?从哪里能得到这些信息?公司的价值是多少?如何操作?问题后面,还有一条很贴心的提醒:保密性也很重要,李楠并不想让她的员工从其他渠道得知她想卖掉公司的决定。这份毅伟的英文案例将用于全球商学院的教学，所以她不用担心案例的内容会传到她在金华的员工那里。

回金华这段时间，李楠几乎没有机会说英文，所以和Hatch教授及Zachery同学的简短交流不是很流畅。Hatch教授给她留下了很深的印象，人非常和善，让她直接喊他Jim就行。他问了一些生意上的问题，又聊了一会儿浙商，她发现Jim是个中国通，对中国的历史人文都非常了解。临告别时，Jim告诉她，他已经决定在第二年四月下一届MBA的财务管理课堂上教这个案例，欢迎李楠来他的课堂旁听！这个邀请很意外，从此李楠的心里就长了草，把这件事当成她新年转型的大事！她让王艳帮她准备所有需要提前了解的资料，给自己设定了一个目标：通过这堂案例课做出安顿红星公司的最后决定。

2012年4月4日清明节小假期，李楠兴奋地坐上了从上海到多伦多的国际航班，14个小时的飞行很长，但她用很多功课来充实这次飞行：王艳帮她准备了满满一包的课前准备材料！

三 课前准备 10 小时

大学毕业七八年,李楠参加过很多管理方面的培训,特别是在广告公司那三年多——那是一家全球最大的广告公司之一,对员工培训非常重视。但这次是直接坐进全球知名的商学院课堂,讲的是她自己企业的案例,解决的是她自己的问题,李楠想利用飞机上的十几个小时好好做下功课。

王艳早一个月就寄来几公斤的包裹,嘱咐她一定课前认真看,但工作实在太忙,李楠提前算好了:在飞机上没电话、没网络,飞行 14 小时,除了起飞降落、吃饭和简单打个盹,她可以有 10 个小时的整块时间,她要仔仔细细研读这个包裹里的材料!

飞机刚刚完成爬升开始正常飞行,李楠就迫不及待地打开包裹:

放在最上面的第一份资料是一张课程表,每天都是三门课,从上午 8:20 至下午 13:00,每节课 80 分钟,课间休息 20 分钟。4 月 5 日的三门课,被王艳用红笔整个框了起来,分别是会计学、管理沟通和财务管理。第三节财务管理课从11:40上到13:00,被王艳用油性笔涂成了鲜黄色。李楠看着这个时间表有点困惑:咋没午饭时间呢?难道毅伟的师生都在13:00以后吃午饭?

第二份资料是几张装订在一起的PPT文档,王艳在封面做了标注说这个PPT是Hatch教授在MBA新生见面会上用来介绍毅伟案例教学法的。王艳的注意力被下面的一张图吸引了过去。

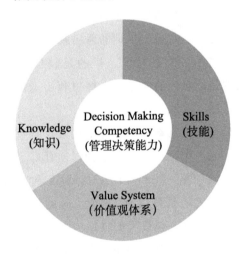

毅伟商学院案例教学目标与内容

图上有两个同心圆,中间写着"管理决策能力",PPT上简单介绍说:毅伟商学院案例教学的目标就是训练MBA学生的管理决策能力,它包括决策制定和决策执行两部分能力。

外面的同心圆环被分成三个部分：知识、技能和价值观体系。PPT简单介绍说：为了达到提高管理决策能力的教学目标，所有的教学内容被分成这三个部分。第一个部分是知识，其来源包括教材、案例、推荐阅读的文章等，MBA学生必须在课前自学掌握这些内容——因为我们假设你们有这样的自学能力。李楠暗自笑了一下：当年和王艳在广告公司，每次接手新客户，都必须在很短时间内迅速熟悉客户所在的行业和市场情况，迅速弄明白企业的历史、生产和产品情况，可不是得有这种自学能力么。后面要讲到的技能训练是案例教学的重点，每个案例都是一个真实的管理决策，教师将和整个课堂的学生一起在80分钟内完成这个决策，若没有准备好该决策所需要的知识，课堂的技能训练就不会有什么效果。

李楠吓了一跳，马上想知道她的这堂课要准备哪些知识，她可是期待这堂课有大收获的。王艳很贴心，专门在空白处列了这堂课所需要提前掌握的知识：

一是熟练掌握资产负债表、损益表和现金流表，详见会计学教材。她翻了翻，包裹里果然有一本会计学教材。这部分她就不用看了，成天和银行打交道谈贷款，她很自信对这三张表已经很熟了，特别是红星公司的三张表，每个栏目她都烂熟于胸。

二是现金流量折现法，详见财务管理教材。这个李楠没概念，她翻开财务管理教材，王艳在现金流量折现法那一章划了个记号，她打开那一章，满眼都是数字和各种计算符号，她脑袋开始大了，迅速合上书看下一项。

三是两篇文章，用红色夹子夹着。她拿出来扫了一眼，两篇文章二十几页，还是英文，三个小时根本看不完！她脑袋更大了。

四是红星案例。李楠终于舒口气，这篇案例她去年就看过了，而且内容还是红星的真实内容，就不用再花时间了。

接下来，她顺着PPT的思路看第二部分——技能。据PPT介绍说，技能部分的教学内容通过三个环节实现。第一个环节是**学生要自己完成案例中的决策**，决策思路可参考每个案例后面的作业题。李楠立马困惑了：红星案例要求的决策就是如何卖红星，她要是自己就能知道还跑这么远来干嘛?！想起自己多么不容易挤出这几天时间绕半个地球想得到一个答案，结果首先来了一句：你应该已经有了自己的答案！

李楠开始觉得商务舱太热了，向空姐要了杯冰水，大口喝下半杯，然后急切地往下看技能训练的第二个环节。第二个环节是**学习小组**见面，小组成员每次轮流主持讨论案例中的决策，这会儿李楠稍稍定了定心：假设我自己不知道，还有小伙伴们帮我呢！她想起小时候和王艳对作业的经历：俩人一起对作业答案，不一致的时候赶紧查下谁对谁错，最后保证交老师的作业都是对的。小学的时候，每次作业做得好就能得到一朵小红花贴在作业本的封面上，一排小红花凑满了，家长就奖励两块钱，两人可以一起吃好几次美味的冰激凌。

技能训练的第三个环节是**课堂教学**，由教师引导全班同学讨论案例中的决策。沿着小时候对作业的思路，李楠觉得这个课堂环节挺多余：她小时候和王艳对作业的过程是最有质量的学习环节，课上老师再讲作业对她来说就是重复了。老师讲作业的时间成了她在课本上偷偷画小人的时间，按她的经验，第三个环节应该是讲新课的时间。不过新课又能讲什么呢？**教材学生自己看了，文章、案例学生也自己读了，连案例中的决策学生自己加上小组也一起完成了，教授上课还有什么用呢？**李楠又重新读了一遍PPT的内容，确信自己没有理解错，她在笔记本上写下这个问题，又在PPT上技能教学的三个环节旁画了个大问号，把这一页折上角继续往后读。

教学内容的最后一个部分是"价值观体系"。PPT上简单介绍说：**价值观体系是指导个体行动的一系列偏好，对个体做管理决策非常重要。**每个人都有不同的价值观体系，往往在人生早期甚至一出生就基本定型，且很难再改变。价值观体系是案例教学法的重要教学内容，但其目标并不是教给学生所谓正确的价值观，因为价值观没有对错之分，而是营造适当的情境，帮助学生了解自己的价值观和理解其他人的价值观，进而提高个体决策和群体决策的效率和效果。这段话有点绕，李楠不是很明白，也不知道对红星的决策是否很重要。

除了介绍案例教学的教学目标和教学内容，PPT里还特别介绍了案例教学的准备工作：**教师的课前准备，学生的课前准备，以及物理环境的准备（如马蹄形教室的作用）。**

李楠看了看表，计划中的10小时已经过去了将近3个小时，她看到包裹里还有一份厚厚的财务管理案例集。王艳特别划出了红星案例，并向下划出另外4个案例作为一组，标着"公司价值评估"的字样。该组每个案例右边还分别做了标注，如：红星汽车销售与服务有限公司——中国浙江小型私有公司出售；加拿大IAL施工机械设备公司——管理层收购；Pinkerton保安集团（A）——欧美集团企业的收购；Lululemon健身公司——启动IPO。

李楠想王艳肯定是希望她把这几个案例都熟悉一下，她估计了一下工作量：她还有现金流量折现法要学，还有两篇二十几页的文章要看，还要自己做红星案例的决策。她在笔记本上分了一下时间：学习现金流量折现法两小时，两篇文章阅读两小时，和红星案例在一组的案例只能匆匆浏览一遍预计两小时，最后，思考红星决策一个小时。时间只能这么安排了，因为课前的时间只有这么多了。一下飞机她就没有时间做功课了：到多伦多机场将是晚上七点多，取上行李还有两三个小时到毅伟商学院所在的伦敦市，入住宾馆得半夜以后了，她必须好好睡一觉，抖擞精神参加第二天下午一点的课程。当然，她没有学习小组可以参加，只是因为好奇学习小组的作用，她倒是可以向王艳简单了解下。

她站起来准备活动一下，商务舱里静悄悄的，人们大多刚吃过晚饭，边看电视边享受免费美酒。李楠在商务舱末尾边伸展着胳膊腿边想起来王艳确实提过很多次，说她在毅伟的学习生活有多紧张。她开始计算王艳的学习时间：每天三门课从早上八点一气到下午一点，光课堂时间就5个小时，再去掉小组讨论时间假设三次课的案例共3个小时，一天24小时就只剩下16个小时了，要自己准备三门课要求的知识部分和做案例决策。李楠这次准备她自己的案例用10个小时还很紧张，就算她们英文好阅读比她快，就算公司价值评估这一组的其他案例不用读，16个小时即使不睡觉，准备三个案例还是挺紧张的。她立马对小伙伴王艳肃然起敬，原来自己在金华这两年的起早贪黑不算多大事了！

静下心来开始读起现金流折现法时,李楠发现其实并不难。相对于中文写作所讲究的"言简意赅",要求读者"参悟其中深意",英语的行文简直像电器"使用说明书"体了,每件事都恨不得详详细细说明白,还要外加举例子,所以虽然看起来长,读起来并不费劲,而且很容易明白。李楠仔仔细细读了一遍,又把重点部分重读一遍,相信自己达到"理解现金流折现法"的程度了。

这个方法主要说两件事:一件事就是告诉你将来的一块钱没有今天的一块钱值钱,可能就相当于今天的八毛钱吧。原因很简单,因为今天八毛钱放银行可以收利息,到将来那一天就连本带息一块钱了。她和银行打这么多交道,这个太容易明白了——银行就赚这利息钱,付储蓄方低利息,向贷款方收高利息,中间的利息差就是银行的收入了。第二件事理解起来也不难,就是如何计算将来一块钱在今天值多少,即折现多少钱。你得确定收多少利息,得理解那个折现公式。

利息不太容易确定。李楠很清楚她去银行贷款比国企去银行贷款的利息要高很多,往往是能贷到就不错了,根本不可能去计较利息多少。教材里解释的是不同的贷款业务风险不一样,风险越大折现使用的利率越高,也就是说,如果一年后要还贷100万,她现在能从银行拿到的现金要比国企低得多——比方说,她现在拿

80万，一年后还100万；国企现在拿90万，一年后也还100万。道理她很明白，那些看起来有些复杂的公式也就没那么头大了。

她胜利地合上书，一看表，用了两个半小时！计划的睡眠时间只能压缩半小时了。正好这会儿脑子很累了，她让空姐一个半小时后叫醒她，随手把所有资料往飞机地板上一推，打开折叠椅，睡觉！

当空姐温柔地摇晃她时，她花了好半天才回过神来，耳旁的声音是飞机发动机而不是汽修厂的打气机！她要了杯冰水，继续王艳给她的作业。

两篇文章是关于公司价值评估的，有现金折现那一章做基础，两篇文章读得还算顺利。她开始浏览与红星公司同组的几篇案例，她很快发现这些案例不管是来自毅伟的还是哈佛的，结构都非常相似：**开篇第一段描述某企业的负责人正纠结面对一个什么决策**，就像红星案例里说李楠正考虑卖公司，但不知道卖多少钱，哪里找买家？**然后介绍企业所处的市场和行业情况、公司的经营状况**，最后才是与这个决策相关的一些详细信息。无一例外的，**案例后面都附着一堆财务数据表**。掌握了这一规律，案例阅读变得顺利多了，计划时间内她完成了所有的阅读材料。揉着酸疼的双眼，李楠的脑子已经不听使唤了，她把所有的材料收进随身行李箱，只留下红星案例的作业思考题：

1. 若变卖公司所有资产，偿付所有债务并关掉公司业务，红星公司值多少钱？

2. 若考虑公司由新股东接管，考虑未来的现金流，红星公司值多少钱？为简化分析，可假设未来业务保持现状。

3. 若与其他类似的公司交易相比较，红星公司值多少钱？

4. 你建议李红星这个家庭应该考虑公司卖多少钱？

5. 你建议采取哪些措施出售红星公司？如何考虑付款条件？

李楠脑子很累了，离降落还有两个小时，她本可以抓紧时间再睡一觉，但她的脑子停到第一个作业题上，心里隐隐开始很不安，她突然意识到，卖公司绝不仅仅是个价钱的事！要让老爸安心，红星继续开门对老爸非常重要！她无法想象公司关门的结局对老爸的打击会有多大。老爸把一辈子都交给这家汽修厂，也因此赢得了在这个小城市的好名声，他这个人已经和这家公司融入一体，就像人与公司共用同一个名字一样，关掉公司岂不相当于抹掉李红星的生命？！直觉上，她绝不可以接受这样的事实，她必须给红星公司找个合适的买家，红星公司的经营必须继续！但若找不到合适的买家呢？她开始心乱如麻了。

王艳在机场出口等她，有点意外的是王艳旁边还站着 Zachery。注意到李楠的表情，王艳赶紧解释：你在杭州见过的，这是案例合作者 Zachery，他明天也会去 Jim 课堂，我自己晚上开车不太自信，就拉了他来帮我们……

心乱如麻的李楠脑子也很迟钝，跟着王艳上车，很快就疾驰在漆黑的高速公路上了。

四　毅伟商学院 Spencer 校区

从机场到毅伟商学院所在的伦敦市，一路高速两个多小时，沿路黑乎乎的啥也看不到，王艳的到来很快把李楠的注意力调整到明天的课堂上。李楠很急切地想知道明天的课怎么上，有多少学生啦，Hatch 教授会怎么介绍她啦，她会不会英文听不懂啦……两人对明天的课堂都挺兴奋。李楠远离了汽修厂杂七杂八的事务，王艳刚完成了 MBA 所有课程，有 Zachery 开车还听不懂中文，两个小伙伴立马回到以往叽叽喳喳、拍拍打打的状态。

抵达毅伟商学院的 Spencer 校区已是半夜时分，入住校区内宾馆并约好第二天 10 点一起吃早饭，李楠眼睛已经睁不开了。

第二天早上，李楠醒来的时候才 8 点多，她惊喜地发现窗外的草地上竟然有三只梅花鹿正悠闲地踱步！趴窗户上瞅半天她确信这些鹿是野生的！李楠兴奋地跑出去，惊喜地发现这是个森林中的校园，她跑近那几只小鹿，跟着它们一翘一翘的白尾巴进入森林，然后看着它们消失在望不到边的森林里。靠近校园的森林还稍有些整理，显然常有人来。成群结队的小松鼠看见李楠走近，不仅不逃走，竟然还靠近些，仰着头停在不远处似乎正期待李楠给点吃的。再后面的森林则完全保留着自然的原始状态，此时的金华早已繁花似锦，这里的树大多还是光秃秃的，唯有柳树刚刚吐出早春的嫩芽。不远处传来哗哗的流水声，留着残雪的草地上鲜有人迹，她顺着水声走过去，发现一条十几米宽的小河，水流湍急清澈，她眺望河对岸的树林，远远地有些高层建筑和马路，提醒她这里是城市腹地。想起昨晚路上王艳和她介绍过，估计是当时英国来的移民想念家乡，把这个城市起名叫伦敦。城市里有很多名字和英国伦敦是一样的，有条泰晤士河横贯城市，支流也遍布城市各处，更别说那些叫女王街、王子街、维多利亚公园的街道和地名了。

李楠一通乱走，差点在森林里迷了路，紧赶慢赶在10点前回到酒店，王艳已经在餐厅等她了，手上拿了一沓资料，提醒她马上有堂财务管理课。李楠真心感慨道：你这世外桃源的环境和竞争激烈的市场有着太强烈的对比啦！她兴奋地告诉王艳那河那树和那三只小鹿，不断感慨这里的环境真好啊，老家若还能像以前那样处处清浅池塘该多好啊。王艳显然早想过这强烈对比：试想啊，哪个武林高手不是深山老林修炼成精才出道的？

这里就好比黄老邪的桃花岛！

吃完饭离上课还有点时间，李楠还有很多问题要问，王艳干脆陪她四处转转，边转边聊。先是开车带她在伦敦市兜了一下风，又在毅伟商学院所在的西安大略大学校园里四处走了走，最后带她在 Spencer 校区的教学楼里转了一圈。李楠确实看到不少英国伦敦的地名，西大的校园建筑也颇有英伦范。Spencer 校区是毅伟商学院专门为 MBA 教学准备的，也有部分 EMBA 和短期管理培训课程，主建筑呈 Y 字形，三个方向分别布置成教室、住宿餐饮和办公区。一些 MBA 学生课间时三三两两在教室外的过道上聊天、看报纸或是吃喝，李楠想起来那个午饭问题，问王艳：你们有食堂么？上课到一点午饭怎么吃？王艳笑眯眯地带她到一楼的小卖部，里外共两间：里面一间可以做些简单的快餐，外面一间就是食品柜和收银台了。王艳告诉她，这里没中国大学里的那种食堂，我刚开始不习惯吃凉的，这是唯一可以买到热的零食的地方，也就一片披萨吧。她已经一年没正经吃过什么午饭了，早饭午饭都是随便抓点面包牛奶在课堂上或是课间凑合吃的，晚饭是唯一可以自己做点吃的时候，一会课堂上看到有人边上课边吃东西你不用惊讶。

王艳最后带李楠到 Jim Hatch 教授在二楼的办公室，Jim 很热情地起身拥抱她，感谢她能来到他的课堂。

问她愿意怎么在教室介绍她，李楠毫不隐瞒此行目的：对Jim来说，这是一次课堂教学；对她来说，她急切需要找到答案。Jim说他在课堂开始时会隐瞒她的真实身份，避免学生在课堂讨论时有所顾忌，课堂结束时若时间允许再正式介绍她。

五　Jim 的开场白

上课前十多分钟，王艳带李楠到教室，Zachery 也刚刚到，他们找了最后靠角落的位子坐下。背后的落地窗外满眼都是花园、草地和森林，星星点点的残雪也难掩满盈的早春绿色。李楠脑子里闪过黄老邪的桃花岛，心想这比喻还真有几分贴切。

教室里只有几个学生。还差五六分钟上课的时候，Jim 走进来，在前面一张桌子上放下他的一沓材料和一杯咖啡，这个教室似乎并**没有李楠所熟悉的那种教室讲桌，也没有给老师准备椅子，只是靠边有张不起眼的桌子上放着电脑和投影仪**。Jim 一出现，六七十个学生就像地里冒出来似的，瞬间坐满整个教室，**每个人拿出写着自己名字的桌牌放在桌沿的夹缝里**。从肤色上，李楠很容易看出这班学生的国际化程度，显然欧美亚非拉的都有。从名牌的姓上，她差不多能分辨出有五六个中国学生，不过王艳告诉她，中国学生里不少是国外出生长大的"香蕉人"，母语是英语。

李楠发现这个叫作**马蹄形的阶梯教室**视野非常好，

任何一个座位都能非常容易地看到教室里其他每个人，而且大多能看到对方的脸，而不是排排坐的那种教室只能看到其他人的后脑勺。椅子是带着轮子、可以随意转动的靠背椅。**教室前面的黑板多达 12 块**，横四排竖三列，每一列可以上下活动。还差一分钟上课时，Jim 站在教室前面的空地正中微笑地看着大家，教室里马上安静下来。李楠确实看到有两个学生还在大口地吃着汉堡，但精力和其他人一样集中在 Jim 身上。

李楠也在自己面前摆好案例材料、笔记本、计算器和表——三年国际广告公司经历训练了她很强的时间观念，经常下意识地计算着时间。她旁边坐着的王艳也准备就绪，王艳旁边的 Zachery 虽然喝着咖啡，也专注地望向 Jim。

Jim 首先介绍说，今天是红星案例第一次用于课堂教学，他很荣幸地请到案例两位作者王艳和 Zachery 参加课堂，这次课后也许会根据课堂情况对案例进行再次修改。还有一位客人是王艳在中国的好朋友 Nancy——Jim 刻意用了李楠的英文名字。大家很有礼貌地向她们鼓掌示意。

随后，Jim 话锋一转，**介绍本次课在整个课程中的位置，前面的学习内容和后面的学习内容分别是什么，对大家的要求是什么**，李楠听到几个熟悉的案例名字，是王艳让她看的几个案例。Jim 最后强调一句，**所有这**

些学习内容都会在最后的考试案例中涉及。李楠看了下时间,不到四分钟的开场白。李楠又扫了一眼教室,大家坐姿各异,有前倾有后靠,还有转动着椅子的,但有一点是相同的,个个全神贯注盯着Jim,她联想到百米赛跑起跑线上的运动员。

她还注意到一个细节:几乎没人面前像她一样摆个笔记本,**没人做笔记!** 只有一本案例集和一些散开的A4纸,显然是学生们课前做的作业。虽然有几个人面前开着电脑,但显然是代替那些作业纸而不是记笔记。她拿着自己的笔记本示意王艳,王艳笑了笑:你愿意记就记吧。

Jim 的案例课堂

Jim 在白板上做记录

六 不谈财务的财务管理课

Jim环顾着教室开始提问,我需要一个人毛遂自荐介绍下今天的案例是一个怎样的管理决策?眼前齐刷刷举了一片手,李楠困惑地转向王艳,她印象里,上了初中后就难得见学生们争相发言了。王艳冲她眨了眨眼悄声说:**发言记分**的,然后向教室门口的方向努了努嘴,她才发现靠近门口的位置上有个人前面没有名牌,桌上摆了一台电脑,正严阵以待似乎刚记录了Jim的提问内容,正等着继续输入后面的发言。Jim点了一个中国学生的名字,并走向白板,写下那位学生的发言要点:"出售公司的决策""李姓家族企业""公司出售价格评估"。等这位中国学生停顿下来的时候,Jim转过身问,还有同学补充么?又是一片举手,Jim先后点了两个人的名字,白板上多了"公司价值评估""现金流量折现法""公司清算法""比较法",比较法下面写了"P/E比率(公开上市公司/有公司)"。李楠发现自己跟不上了,一是课堂的节奏很快,Jim的提问和学生的回答都直奔主题绝不拖泥带水,每个学生回答时稍有停顿,教室里立马又是一片举手，平添了紧张气氛并加快了发言节奏；二是虽然Jim的英文字正腔圆很标准，语速不快她很容易听得懂，但Jim只提问，白板上的答案都是学生说的，这些学生的口音五花八门，李楠听起来有些吃力；再加上她还要记笔记，稍有分心就更跟不上了，王艳示意她不用记笔记了，所以她干脆放下笔全力去听了。当Jim随手推上写满字的白板，拉下上面的空白白板时，李楠又下意识看了下表，这块白板也花了四分钟：是Jim和三个同学的问答结果。李楠现在觉得看表都耽误事了。不过她此时理解了王艳介绍的学习小组的作用了：没有学习小组的环节，课堂上不可能有这样的高效率。

李楠期待的正式的公司售价计算马上要开始了。结果她听到Jim说，在正式计算公司的售价之前，我们看看还有哪些事情必须要考虑，举手回答的内容开始发散了，10分钟后，她发现白板上多了这样几条："评估红星业务的机会与风险""执行出售决策要考虑人的因素、支付的形式"。

在讨论"人的因素"时，Jim插播道："中国目前实行的是一个家庭一个孩子的计划生育政策，这个家庭似乎很幸运有一双儿女，也许他们出生恰好赶上实行计划生育政策之前，也许属于一些例外情况，如农村户口的家庭有时会允许有两个孩子……"

Jim 很得意地听到教室里一片惊讶声。然后提问道:"在中国家庭里,男孩女孩的角色有什么不同么?"

只有一些亚裔的学生举手,一个中国女孩回答:"一般来说,家里的儿子需要承担更多的家庭责任,不过这个案例很有点奇怪,家里的女儿做了儿子应该做的事。"

Jim 追问道:"承担这样的责任对女儿来说意味着什么?"第一个女生有点犹豫地回答:"女孩子承担这样的责任,压力会更大,在中国,生意场还是男人的世界吧。"

又有一个中国女生举手说道:"李楠应该很有压力,一是生意本身就有压力;二是她的年龄不小了……"

Jim 追问道:"刚过 30 岁还很年轻,为什么说不小了?"

女生稍有点窘:"在中国,李楠这样的年龄还单身叫'剩女',找老公的压力很大了,再加上她事业好,找到比她更优秀的老公就更难、更有压力了。"

教室里一片哄笑,也连带着很多惊讶。李楠感觉自己的脸开始发烧,很尴尬地迅速扫了一下教室才意识到,除了王艳,其实没人真正注意到她。

她注意到 Jim 也看了她一眼,嘴角似有一丝歉意扫过,他示意教室安静:中国有着与西方非常不同的文化,了解中国公司的业务之前要多了解当地的文化,理解不同文化对业务的影响。原来，Jim这段插播并不是为了活跃课堂气氛，而是为这些不同肤色的学生普及中国文化，为将来进入中国市场做储备呢。

Jim在执行出售决策下面写下了"经济情况"，学生们纷纷提出自己的看法：当地13%的GDP增长率，远高于中国平均水平；很多工作机会；买车贷款利息比较低；当地交通的基础设施很完善，金华通往附近城市都是全程高速，等等。Jim还在期间给大家发了一张中国地图，标了金华的位置和作为参照的北京、上海和杭州的位置，同时告诉大家上一年12月带上一届MBA学生游学到过杭州，见过李楠。总之结论是：当地经济发展势头很好，对红星汽车销售与服务有限公司的未来发展很有利。

在提到"行业发展"的时候，学生们提到当地只有5%的人拥有自己的汽车，证明公司业务的市场潜力还很大。所有这些信息都来自红星案例中，它们被学生们一一总结出来以支持各自的论点，Jim也随之一一写下来。

讨论"市场情况"时，Jim明显花的时间多了些，学生们按照政府企事业客户和私人客户把市场分成了两类。特别分析了政府客户的比例和个人关系的重要程度，这些个人关系都来自李红星多年的精心维护，学生们还讨论了这些关系李楠能接管多少，若出售其他人又能接管多少。讨论到私人客户业务时，学生们专门讨论了经销商对个人销售和维修服务业务的影响。红星公司现在销售的汽车是从大经销商那里采购的，但随着大城市经销商直接进入金华设立分支机构，红星公司如何继续销售业务？如果不能继续销售业务，红星的维修业务又会受到怎样的冲击？

李楠发现这些分析都是她每天最关注的事，心情也随讨论起起落落，喜的是地区经济的发展和行业发展都非常乐观，忧的是行业竞争也越来越激烈，市场情况不容乐观：之前金华市场小，大城市的经销商不屑进入，这几年开始纷纷进入金华抢占市场，所以李楠对红星的未来并不是很乐观。

李楠看了一下表，时间过去 30 分钟了，Jim 竟然继续在白板上写下了"运营分析"，毫无计算出售价格的意思。不过李楠对现在的分析非常有兴趣，虽然这些内容她一直都很关注，但还从没有按照这样的框架一件一件分析下来。在 Jim 和学生的一问一答中，她感受到快速思考和清晰表达的力量，现在她能理解为什么技能的训练中有三个环节了：没有个人作业和小组讨论两个环节，课堂上的分析不可能这么高效。因为更多人的参与，课堂讨论质量也一定会比小组讨论和个人作业更高。

她也总结出 Jim 和学生讨论的规律，从区域经济、行业发展、市场情况到运营分析，正好是从全局到局部的分析过程，Jim 的分析也依次越来越详细了。在运营分析中，Jim 和学生们在一问一答间讨论了公司的管理情况、员工激励情况和人员能力情况，特别是汽车销售和汽车维修的两个经理——罗西和王明的情况，还讨论了若公司出售，现有人员会如何去留的问题。学生之间常有不同意见，比如讨论到员工去留时，有些学生会认为年轻人会倾向于离开小城市金华，转而去附近的大城市，这对红星未来人才保留不利；但有的学生则认为大城市生活成本高，还有户口的限制，金华这样离大城市近的小城市对人才会更有吸引力，像案例中的罗西就很有可能是这种情况。罗西原来在大城市杭州，但家庭在金华，很可能因为杭州生活成本高，所以回到金华工作，以便每天与家人团聚。李楠发现 Jim 一直**很少用"对"或"错"来评价学生的答案**，这次也是，Jim 对两种意见都评价为"很有意思"的观点，并专门花了好几分钟解释中国的户口是什么，对买房买车子女上学有什么样的影响，自然又引来教室里一片惊讶声。李楠也暗暗赞叹这位教授对中国的了解很深入，不免联想到，王艳给她的案例集中的案例来自世界上很多不同的国家，难道每个案例中涉及的国家或地区，Jim 都会这么熟悉？一年下来，二十多门课程加起来，这样的案例有 300 个，这些毅伟商学院的学生生活在这"桃花岛"，可真成了"尽知天下事"的国际化人才啦!

课堂上花了不少时间讨论：红星公司的人员状况。红星汽修厂现有的两块业务：汽车修理和汽车销售，分别由两个得力的经理负责：罗西负责汽车修理部，王明负责汽车销售部。罗西40多岁，是金华本地人，在杭州一家汽车经销商做了15年汽车修理，不仅技术能力强，而且在管理维修人员方面很有经验。2002年，李红星开出优厚待遇，罗西有了回老家工作的机会。

腾出精力的李红星可以更多地琢磨业务扩展，先是把修理厂的面积扩张了两倍，又瞄上了汽车销售业务。2005年，在维修业务连续3年取得高增长的成绩后，李红星把修理厂的办公室搬进维修车间，把腾出来的地方改成汽车销售展厅。他顺利地谈好几家杭州的大品牌汽车经销商的分销授权，还从其中一家经销商聘用了年轻且经验丰富的王明做销售经理，随后，他将红星汽修厂改名为"红星汽车销售与服务有限公司"。李楠这两年管理红星公司之所以还算顺利，这两员大将功不可没。李楠真心觉得未来不管谁接手红星，这两个人一定要留下，红星才能有发展。

除了人的因素对红星的影响，Jim还和学生讨论到红星的设备情况很不错，比如房产刚扩建不久，供应商折扣谈判等情况对红星业务运营的影响等。这些信息也都来自案例，但是李楠发现，即使大家读的是同样的信息，还是不时会产生不同意见。如关于李红星由个人关系维系的政府企事业和保险公司的业务，若红星出售，李红星不再维系这些客户关系，这对生意的影响有多大？有人认为会很大，因为在中国做生意，关系很重要；有人认为现在中国市场经济的发展越来越成熟，公司提供产品和服务的能力也越来越重要，关系的重要程度越来越接近西方的情况，没以前那么重要了。Jim照样对不同意见不做对错评价，总是饶有兴趣地听完后说"嗯，很有意思的观点"！

当Jim在白板上写下"财务状况分析"时，李楠心想她期待的出售价格的计算终于开始了，她特意瞄了一下时间：42分钟，课堂时间已经过半！

结果Jim开口问的是：大家如何看红星公司现有的财务状况。教室里纷纷回答的是：红星现金流很好，账上趴着159万元现金，还有2万美元的5年长期贷款，这对中国私有企业是很难得的，这都显示红星财务的流动性很好。他们还提到红星的资产情况也很好，如房产设备状况良好，存货也控制得很好，显示财产管理状况很好。

Jim似乎猜透李楠的心思，他开始总结道：作为企业的高管，你们必须要懂得几张财务表格背后的信息，比如经济发展状况、市场情况、企业运营状况其至文化的因素，要理解数字计算前所有这些分析的重要性。

李楠瞄了一下表，50分钟过去了。虽然很迫切地想知道红星出售价格的计算，但她也非常同意这50分钟里对红星不同角度和层面的分析非常重要，她当时看案例的时候，没有意识到可以使用这些信息做这么多分析，比如老爸的社会关系和红星两员大将罗西和王明，她之前没有意识到这些对出售后的业务会有这么大的影响。Jim课上这50分钟的分析让她真正全面地审视了红星的过去、现在和未来。

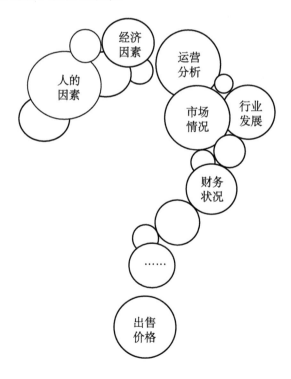

七 红星的出售价格

终于听到Jim说：好了，现在让我们一起算算红星公司值多少钱？一开始就有同学提到三种计算方法：

一是假设关掉公司卖掉公司资产的方法，即清算法；

二是假设公司继续经营，根据未来的现金流计算今天价值的方法，现金流折现法；

三是根据当前市场上类似交易估计价值的方法，叫比较法。

Jim先从清算法开始。红星的资产负债表显示，红星公司上年年底的未分配利润是320万，单位是人民币元，Jim随手在黑板上写下符号"¥"，解释道：中国货币的单位叫"YUAN"，货币的名字叫"renminbi"，简称"RMB"，就像英国货币的单位是"pound"，名字叫"sterling"。我们可不可以直接说红星应该卖账面价值的320万RMB？

又一片举手，一个学生回答："不可以，因为这个数字只代表过去交易的价值，不能代表现在和未来的价值。正确的方法应该是估计每项资产今天可以变卖多少钱，然后加总。"

Jim："非常好！打个比方，有个一直经营种植作物的农场，你可以查看他过去五年来经营的财务数据，也有个账面价值。但若这个农场刚发现地下有石油，交易价格肯定不能按照农场经营的账面价值计算了。"

李楠发现 Jim 现在讲的内容就是她读过的教材上的内容，他也不再提问那么多了。

Jim 在黑板上写下"清算"两个字，李楠心里一紧，昨天在飞机上看完第一个作业思考题后的不安再次袭来，她确定她肯定不会这么安顿红星公司。

Jim 转过身面对学生："好，若我们决定现在停掉生意，看看红星现有的资产还值多少钱？"李楠知道，这些资产都在案例的第一个附表中的资产负债表里。Jim 指着教室中的一行座位："这一行的同学每人负责决定一项红星公司现有资产的出售价格。"

第一个同学马上开始："账面上第一项，货币资金有 159 万元。"

Jim 问："如果清算公司，这项资产值多少钱？"

这个同学稍一犹豫，Jim 问："打个折扣？"

那个同学马上回过神来："不用，就 159 万元。"全场哄笑。

第二个同学紧接着回答第二项资产的清算："应收

账款 48 万元，我打个 75 折给 36 万元吧。"

Jim 马上追问："为什么要打个折扣？"学生马上回答："可能是顾客付不起全价，或是他担心公司关门不能提供后期维修不肯付全价。"Jim 边点头边在黑板上写下"36 万元"。

至此，李楠开始习惯这种上课方式，Jim **永远是问、追问、再追问**，没有课前个人作业和小组讨论的认真准备，肯定跟不上 Jim 的提问节奏。教室门口座位上那位电脑记录员显然敲下了每个人的回答，那些回答决定了学生的课堂成绩，这样的课堂确实挺有压力。

想到自己小时候只要老师讲作业，自己就在课本上画小人的经历，她暗自笑了笑，这个课堂上肯定没人敢开小差，更别说画小人了。因为你也永远不知道他下一个问题是什么，永远不知道他指定回答的人会是谁！当然大多数情况他会从举手的学生中挑一位回答，但据李楠观察，Jim 也不总是挑举手的学生，有时候他也会挑不举手的学生。比如，第二个学生刚说完他给应收账款打个 75 折时，Jim 没有追问他为什么，而是转向一个韩国同学："我知道你有在韩国法院工作过的经历，要是我公司外面有 48 万元欠账，若催讨不还告到你们法院，你们法院能帮我要回来吗？"那个学生回答："不一定"，然后解释了一番催讨应收账款的风险。

李楠脑子里迅速过了一下这 48 万元欠账，账龄大多在3年以内,她有信心要回80%以上,但有几个单位因为新换了领导,老爸和新领导不熟,还真不是很有把握能要回来。至于到法院打官司,在那种小城市,老爸肯定不会轻易上法院。即便上了法院,也即便判自己胜诉,执行起来也不会那么容易,还得聘律师,还得花时间跑法院,劳民伤财,实在划不来。她勉强接受这个学生所说的75折了。

第三个学生给存货项目中的汽车和零部件打了7折。Jim追问:"可这些汽车和零部件都是新的呀,为什么打7折。"

这个学生很幽默:"你要清算资产了,肯定是挂一横幅'企业关门清算,底价清仓大甩卖三天'之类,想几天之内全变现,肯定不能原价出售啦。"

第四个学生给预付款项"押金"18 000元原值。Jim追问:"如果你租一年公寓,现在要提前退房,押金会退给你么?"那个学生顿了顿说:"我可以找个下家接手,从下家那里把押金拿回来。"教室里哄笑了一下,这显然不是红星清算时有精力做的事,Jim也笑着给这一项划了"0"。

学生一项一项地给红星的资产"打折变卖",他们关心的是钱,而Jim关心的是这些学生是否理解了每一项资产的真正含义,李楠则被脑子里"关门清算"的景象一再刺痛。

到评估红星土地价值时，Jim特别解释了中国的土地政策：在中国的城市，所有土地都是国有的，像红星这样的商业用地只有40年使用权。教室里又有了争执，有的人认为红星的土地使用权很快到期，要打个很大的折扣；也有的人认为红星的商业地段很好，即便是使用权也很值钱，况且中国所有的城市土地都是只有使用权。李楠还真没有想过土地的事，似乎也没人说得清楚土地到期后，红星该付多少钱才能继续获得土地使用权。

在白板上列完学生们给每项资产定的折算价格，Jim问合计多少，两个学生自告奋勇给出相同的答案：7 029 000元。Jim如释重负总结道：红星公司如果今天关门清算，能值700万RMB，并在这个加总的数字上划上一大大的圆圈。

他正准备继续后面的内容，却发现后排座位上有个学生高高举起手来，Jim停下来示意他发言，那个学生说："我们还没减去负债呢。"

Jim恍然大悟："哦，对了还有200万元负债，差点卖你一绝好的价钱。"全场哄笑，教室里的气氛也轻松了很多。

Jim在700万元后面减去负债2 087 000元，约等于500万RMB。李楠也跟着笑了笑，她无法辨别Jim是故意犯了个错，还是真的忘了减去负债，不过她注意到

Jim写下负债2 087 000元时没有看案例，显然是提前背下了这个有零有整的数字。

对李楠来说，500万元不是个简单的数字，倒像是个败家子把祖业送到了当铺！她可不想把父亲一辈子的心血关门清算成冷冰冰的几百万，即便自己需要200万元创业资金，这钱也不该是变卖家当来的。不过她还是重重地在笔记本上写下了500万元这个数字。

难得的轻松气氛里，Jim马上提醒现在要用第二种方法，即现金折现法计算公司价值了。这种方法首先要计算现金折现率和现金流。

Jim已经开始在白板上计算现金流折现率了。案例附表里给出中国最近几年的10年期国债利率、3个月的短期贷款利率、上海和深圳股票交易所指数，以及上市公司中汽车生产企业和汽车零件生产企业的行业市盈率作为参考。

李楠看着Jim写了个有点眼熟的利率计算公式，肯定来自她昨天飞机上看过的那章教材。Jim试图和学生在最保险的10年期国债利率2.76%的基础上考虑红星的利润率，因为红星私有、地方的企业性质，很难有可靠的其他企业作为参考，最后七算八算得出一个结果是15%。根据李楠的理解，这个数字代表的就是红星业务的风险比国债要高很多，比国企风险要高，比上海和深圳上市的公司风险要高，所以对红星每年的净利润也要求这么高!

Jim开始计算每年的净现金流,他先是列出公式:

自由资金流(FCFE)=净利润+折旧和摊销-营运资本变动-资本支出

鉴于红星的情况,最后三项一起忽略为0,将自由资金流约等于红星的净利润(假设红星未来经营平稳,每年保持同样净利润,则营运资本变动为0,折扣和摊销项与资本支出相等)。

然后,Jim让大家找到红星过去两三年的净利润,并通过假设红星未来的经营会一直保持这样的利润来简化计算,折算现金价值的公式也简化为:净现金流量现值=年净利润÷15%。他开玩笑说,如果你是卖家李楠,你就挑个最好的年份,利润最高的是去年的1 216 534元,除上15%价值成了810万元了;如果你是买家就挑个最低的599 400元,算下来现值是400万元。不过且慢,前面用清算法,算出来变卖的现值都500万元了,所以出价400万元肯定是不行的。综合两种计算方法,红星的出售价值应该在500万至800万元之间。

Jim一口气25分钟内完成了两种方法的全部计算,李楠完全跟不上Jim和学生的一问一答,只剩下拼命听和记下最后的计算结果了。

她非常惊讶Jim教授能背下这些计算中的所有数

字，因为有时候他提问完不等学生回答就直接写上数字，有时候学生给出答案他会很清楚地说你算的不对，她心里暗暗吃惊：王艳和她说过Jim已经年过70，案例教学全程他都在教室里走来走去和学生互动，全程节奏都很快，他竟然还能背下这么多数字！她周围70岁以上的人早都退休在家颐养天年了，山一样的老爸才65岁也彻底服老了。她心想回头一定了解下老外平时都吃啥补品，能保持这么好的状态！

她还确定Jim对学生的期待是，**所有这些计算他们都必须课前全部完成**，像李楠这种没做任何计算的完全无法参与到课堂的讨论中。学生也别指望能在课堂的时间里学会这些计算！这25分钟的计算时间，李楠根本跟不上，原因就是自己没有提前做好功课，也没有参加学习小组。

眼看只有五分钟下课了，李楠突然很紧张Jim会介绍她的真实身份——经过这样一堂案例课，她、她的家庭和她的红星公司在这个课堂上已经没有隐私可言了，她还真没有做好准备。

Jim正在问学生：李楠公司应该采取什么样的措施出售红星公司？学生们也七嘴八舌，有个中国女生的回答给李楠留下深刻印象，她建议李楠留下来，因为她理解李楠的价值选择是：承担家庭义务第一，个人事业第二，自己的婚姻放在第三，虽然去杭州创业满足了她的事业野心，也对剩女婚姻有利，但她若安顿不好红星公司会非常纠结，除非她能找到非常理想的人接手红星。

Jim追问她："你建议她在找到理想的人接手之前留在金华？若总也找不到理想的人接手，她就应该一直留下来？"

女生毫不犹豫："对！"

Jim追问："她怎么面对等着她回杭州的合作伙伴王艳？"

女生一时语塞，Jim没有转向其他人的意思，一直注视着她的眼睛等着她回答，女生憋红了脸但很坚定地说："两年前，她因为父亲放弃了和王艳的创业合作，说明合作伙伴的重要性排在第四以后。"

话音一落，整个教室里一片寂静。这个女生的回答猛一下击中了李楠的心，她不敢回过头去看王艳，这个女生的回答是她从未想过的，但也是无法否认的。她突然想起Jim在PPT里的那两个同心圆，教学内容中提到的价值观体系，她这下才明白它的真正含义！

八 李楠怎么办？

Jim的表情一下子有点复杂，继续看着她足足有好几秒钟，确信她结束了发言，然后又环顾了一下教室里的其他人，耸起肩注视着大家："我们在第一次见面时给大家提到过价值观体系的概念，今天的案例给大家提供了一个机会审视一下我们各位的价值观体系，如果你是李楠，你的价值观里这几项排序会是怎样的？好，下课！"时间正好80分钟！

教室里响起掌声，李楠也如释重负：她悄悄地来，也可以悄悄地走了。虽然本子上有了她期待的500万—800万元的数字，但这绝不是她真正的收获！她真正的收获是，她知道自己出售决策的重点在于：想清楚对自己最重要的是什么，对老爸最重要的是什么，对红星公司最重要的是什么。回答这些，她还需要一点时间。

转向王艳，她充满了感激：艳儿，咱俩得好好聊聊！

Zachery挨过来靠近王艳转向李楠，很关切地看着两个小伙伴，虽然，他听不懂中文！

李楠也似乎明白了点什么：也许现在，只有自己是真正的剩女了！

第二堂课

选拔总经理

本案例曾获全国 MBA 教育指导委员会百篇优秀管理案例奖，同时收录于中国管理案例共享中心（http://cmcc.dlemba.com）。之后修改为英文案例 Selecting a General Manager，收录于毅伟案例库（www.iveycases.ca）。已进行过多次课堂教学实践，现从案例中决策者的角度描述他所经历的案例教学过程。

为了保护当事人隐私和增加阅读趣味性，作者对人名、地名甚至情节都做了掩饰性处理，请勿对号入座。

一 "集体上访"事件

程开远，20世纪70年代初出生，现在是一家中外合资水处理环保企业彩虹集团①的总经理。来这家公司之前，他有过多年的国企工作经验，国企中集体上访这样的事多少也听说过，但从未想过会发生在自己领导的中外合资企业里！两年前，即2013年的那个下午，他收到杭州子公司财务部经理刘丽云的短信：对不起程总，我们管理层八个人正在去北京的火车上，准备明天上午到总部集体上访，要求总部调离楚婕。

他看着短信的那一刹那有着强烈的不真实感，但他很清楚这不是开玩笑，短信里所指的管理层八个人他个个都熟：公司的副总经理老汪、财务部经理刘丽云、技

---

① 彩虹集团成立于1992年，是中国一家从事专业化环保服务的集团公司，总部位于北京，在中国各地拥有9家分公司。其核心业务集中于水处理领域，为各行业提供环保项目综合服务：包括环保工程设计、建设总承包服务，环保项目投融资管理服务，专业环保咨询服务，环保设施专业化运营管理服务，环保设备研发和制造服务，进口环保设备代理服务。其杭州分公司是水处理设备制造公司，成立于1997年，2013年有员工90人，营业额2千万元。

术部经理戴文强、生产部经理、销售一部和二部的经理、采购部经理和总经理助理，而楚婕就是他们的总经理。其实他早有预感：因为楚婕上任半年来，不断有人向总部反映她的问题，反映最多的是前任总经理也是现在的副总经理老汪。为此，总部前不久还刚刚派人到杭州子公司，针对楚婕做了民意调查，调查结果非常差。尽管如此，程开远还是没有料到管理层八个人会一个不漏地突然来京，看来事情远比想象的严重得多！

来不及分析个中原因，程开远紧急叫来集团人力资源部经理肖雪，让她通知八个人：不准进总部办公室，因为影响太坏！到京后让他们先就近住下，总部会派人听取他们的汇报。

晚上八点多钟，程开远赶在第一时间去酒店见"集体上访"的八个人。北京的街道上到处洋溢着中秋的节日气氛。一路上，华灯闪烁的饭店门口都是聚餐后告别的人群。看着宴罢分手的人群，程开远打定主意，对楚婕的去留将取决于财务部经理刘丽云和技术部经理戴文强的态度。这两人曾是楚婕在杭州设备制造公司最为倚重的两个人，如果他们还支持楚婕，那说明楚婕在设备公司还能开展工作。他就决定继续支持楚婕做杭州子公司的总经理。

一到宾馆，程开远就把刘丽云和戴文强分别单独叫到房间里，看得出来，两个人都非常不安，想先解释什么却又咽了回去，只等着程开远发问。程开远只想知道两个人是不是真心反对楚婕留任。一问之下，两个人口径一致、态度坚决：楚婕如果继续留任，整个公司将马上陷入瘫痪！他俩和其他人一样坚决希望总部将楚婕调离，否则他们管理层八个人要集体辞职。程开远还是有些不死心，又追问了一个问题："当初你俩可是楚婕的支持者，为什么才半年过去，你俩也这么坚决地否定她？仅仅是因为担心公司业务不能开展吗？"他盯着两个人，刘丽云先是脸涨得通红，犹豫半天后说："我很害怕。"她迎着程开远疑惑的目光说："已经好几次了，我按照她电话里的要求把账上的钱拨出去，等她回来补签字时，她却说她没有同意过。"楚婕任上海公司总经理很多年，半年前开始兼任杭州子公司总经理，轮流在上海和杭州两地办公，电话里遥控指挥很正常，偶尔有记不清楚已经做出的决定也有可能，但若几次三番这样就实属故意了。

刘丽云是程开远亲自带出来的财务经理（程开远曾任集团财务总监），也是公司的老员工了，他相信她不会无中生有；而且关键是，刘丽云可能是杭州设备公司最后一个反映楚婕这一做派的人了，集体上访的八个人里，每个人都能说出几件发生在自己身上的类似故事。程开远清楚，楚婕在管理行为上已经开始变形了，这对一个管理者来说是非常忌讳的。

程开远知道他该做决定了:半年前他亲自任命,半年来也一直坚定支持的总经理楚婕,这次他必须亲自否定了!他很有挫败感,将后面的谈话留给肖雪,一个人独自离开了宾馆。

二 法大商学院之邀

2015年9月27日,中秋节,程开远接到中国政法大学商学院教师慕凤丽的电话,再次确认他第二天晚上要参加的法大商学院的一堂人力资源管理案例课。

正式接到这次课的邀请是一个多月前,慕老师带着《选拔总经理》的案例终稿和一张授权书找他签字。这个案例的内容他太熟悉了,就是以当年也就是2013年任命楚婕为杭州子公司总经理为主线,介绍了任命前后发生的事和相关的人。程开远一目十行地快速浏览完毕,目光停在最后一句话:"如果你是程开远,面对目前的情况,你会如何处理?"

他问:"慕老师,现在可以告诉我了吧,我当时应该怎么办呢?"

经过几个月的多次访谈,慕老师和他已经很熟悉了,一向快言快语的慕老师这次却卖起了关子:"你要真这么想知道答案,来我的课堂吧。9月28日晚上,是法大MBA在职班的一次人力资源管理课,内容是招聘与选拔,选拔部分用的就是这个案例,你来课堂现场吧!"

慕老师叮嘱他,课前除了案例,还需要认真读两份材料:一是彼得·德鲁克的《有效管理者》一书第4章"如何发挥人的长处";二是马库斯·白金汉的《现在,发现你的优势》一书。课前一个月每次出差,他都带上这两本书,天南海北的路上断断续续读完这两本书,时不时地还用读到的内容反刍自己当年的选拔决策。

当年的那个选拔决策已经困扰程开远整整两年了。他非常清楚地记得,那一天也是中秋小长假最后一天,即2013年的9月21日,沮丧、疲惫和束手无策的心境至今清晰如昨,他至今都无法排遣那种深深的挫败感。所以,当慕老师提出要撰写这个案例的时候,他非常高兴:终于有个机会、有个人帮自己把心里反反复复翻腾这么久的事情整理一下了。

三 楚婕的人事任命风波

调任楚婕

从 2007 年至 2013 年,楚婕一直是彩虹集团上海分公司的总经理。期间上海分公司的业绩一直是集团内最佳。2013 年 2 月春节刚过,楚婕被指派兼任杭州设备制造公司总经理。

楚婕到杭州子公司之前的近十年,老汪一直分别担任杭州设备公司的副总经理和总经理,这十年是这个行业蒸蒸日上的十年,但杭州设备制造公司一直业绩不佳。确切地说,在行业内,"它从业内备受尊敬的一家公司变成业内很普通的一家公司";在集团公司,"它不是集团里业绩最差的,也是最差的之一"。每次总部开会,设备公司都是问题一大堆,总部早就有换将的打算,但实在没有合适的接替人选,便一拖再拖,老汪再过两年就 60 岁该退休了,找到新任总经理成为迫在眉睫的事情。公司在用人问题上一向稳健,有经常性的员工培训和干部储备计划,崇尚内部选拔,轻易不会选择从外部引进空降总经理。只是总公司主要业务是工程服务，杭州设备制造公司是唯一的一家设备制造分公司，十年来一直发展不好，也没能培养出自己的继任领导，没办法，新的总经理还是要去其他分公司寻找。

程开远考虑这个人选问题至少有两年之久了，直到2013年年初，程开远才确定楚婕是最佳的人选：她领导的上海工程公司一直是整个集团中业绩最好的；虽然是女人，但非常有冲劲。不仅如此，她和老汪都是公司的老员工，互相熟悉，彼此私交也不错；上海离杭州又最近，她应该能够兼顾两家公司。

但楚婕的缺点也是显而易见的：毫无疑问，她是个业务能手，做事泼辣、雷厉风行；但她带队伍的能力实在不敢恭维，她身边一直很难容得下有独立意见的人。六年时间里，她先后挤走了三任副总经理，而公司上下对这三个人的能力和品行都有着很高的评价。程开远曾经甚至常驻上海分公司都无法调停这些人事纠纷，楚婕坚持要求总公司辞退三任副总。无奈之下，总公司将前后三任副总分别调往他处，三个人后来都取得了很好的工作成绩。所以，程开远最为担心的还是楚婕的团队领导能力，她能领导杭州设备制造公司走向未来吗？

程开远试着和几个当事人谈了他的想法，楚婕表现积极，而老汪也非常欢迎她的到来，愿意在接下来的两年里协助楚婕工作。程开远必须一再确保的是，私交很好的楚婕和老汪，是不是也能很好地共事？

为了确保这个任命的成功，总部开始创造机会让楚婕接触设备公司的销售业务。在正式任命楚婕兼任设备公司总经理之前，程开远也利用一切可能的机会考察楚婕和老汪是否可能合作，包括将俩人约到鼓浪屿一起商讨设备公司的未来。前后几个月的时间里，程开远一再叮嘱楚婕：赢得老汪的合作是领导好杭州设备制造公司的关键！楚婕总是满口答应，并对设备公司的未来充满信心。老汪对楚婕的到来也发自内心地欢迎，最后，程开远确信这样的人事安排是没有问题的。

关于这个人事决策的最后一次会议上，总部几个领导还是对楚婕的团队领导能力放心不下，提出了很多这样那样的反对理由。程开远一直沉默地听着，最后，他扫视了一圈会议室里的人，开口道："大家提到的反对理由我都同意，可是老汪两年内肯定离任，时间不多了，你们告诉我还有谁接替他更合适。"再也没有人开口，是啊，杭州设备公司一直经营不善，楚婕总不会把设备公司做得比现在更差吧？毕竟她领导的上海分公司的业绩摆在那儿。很快，总部下达了人事任命：楚婕兼任杭州设备制造公司总经理，老汪任副总经理。

可就是从正式任命开始，一切都开始有问题了……

同事变成上下级

正式上任之前，楚婕就开始从刘丽云那里陆续要来近几年的财务数据。她发现刘丽云的工作能力和责任心都很强；刘丽云也认为未来的总经理在能力上比老汪强很多，而且精力充沛、意志坚强，就像想象中的改革者。通过分析，楚婕认为设备公司发展不佳的症结就出在成本控制上，比如采购管理、销售合同管理甚至员工出差费用上都有很大的成本控制空间，这是她的强项。虽然上海分公司是工程服务公司，但成本控制的道理是相通的，她决定从成本控制入手改进杭州设备制造公司的管理。

在上任后第一次召集的管理层会议上，楚婕一再强调：作为总经理，她今后将在设备公司推行精细化管理，通过对采购、生产、销售甚至出差费用等各个环节出台详细规定，控制这些环节的成本，并进一步强化大家的成本节约意识。大家心里自然明白，"新官上任三把火"，精细化管理就是火的代名词，至于第一把火烧哪儿还来不及想。

万没想到的是，第一把火就从老汪烧起了……

从老汪开始烧第一把火也是楚婕正式上任后才有的想法。查看以往的采购、销售合同和差旅报销凭证，她按捺不住地怒火中烧：有的销售合同只有产品名称没有详细规格，有的采购合同可能就是老汪手写了一张白条，出差报销没有事由只有老汪签字……

楚婕之前和老汪一直私交不错，每当杭州设备制造公司资金紧张的时候，上海分公司经常救救急；每次总部开会讨论杭州设备制造公司的问题时，楚婕也总是热心地帮助老汪找问题、想办法。设备公司发展不理想，楚婕一直觉得是老汪年龄大了，能力有限。可是等她做到设备公司总经理的位子上，她看到公司管理的混乱和随意都超出她的想象：公司的销售合同漏洞百出，供应商拿着老汪的欠条就能来公司催账。如果说之前楚婕对老汪有些同情，同情他在公司管理上力不从心，现在她开始质疑的是老汪的态度问题——老汪把公司当成了自己的家，不，老汪成了公司的"土皇帝"，没有任何制度上的约束。在她眼里，因为老汪管理上的随意，杭州设备制造公司的管理人员不仅能力不足还态度懈怠，老汪是造成这种局面的根本原因，现在要想彻底改变公司面貌就要从老汪开始。要拯救设备公司，首先要改变设备公司管理人员的态度，而管理人员的态度能否改变，首先取决于老汪的态度能否改变，因为设备公司已经习惯了老汪的领导，不打破老汪在管理上的权威，新的管理文化就难以在公司内得到执行。

老汪悔不当初

老汪现在是公司副总经理，协助楚婕工作。可他发现，楚婕从他的同事变成他的领导后，就开始对他指手画脚地发号施令，开始"翻脸不认人"了。

一天公司例会上，楚婕先是批评之前的合同签署太过随意，以后签合同必须经总经理同意，随后话锋一转，让老汪把公章和合同章交到她那里统一管理。老汪是个非常健谈的人，现在开会都是楚婕主导，老汪和大家都是只有听和被要求解释的份儿。他似乎没有理由不交合同章，可这明摆着是对他不信任，是对他的能力加人品一并的不信任。老汪脸上很难看了，想争辩点什么，想了想又没说出话来。除了楚婕，在座的每个人都清楚地意识到了这些。

老汪开始后悔引进楚婕，楚婕也开始发现推行精细化管理远比想象的要困难得多。

一家常年合作的材料供应商吕老板派人来催账款，楚婕一看拿来的合同和单据就气不打一处来：合同只有型号清单和总金额，没有各个型号的数量和单价，她把要账的人先打发回去。晚上静下心来，她给刘丽云打电话了解情况。原来吕老板和公司合作多年，和老汪交情也不错，公司常有不能现款提货的情况，吕老板可以赊账，当然价格就要高些，而只要老汪认可，财务一向都是照单付款的。类似这样的情况太多了，楚婕简直不能理解老汪的管理方式：老汪如此随意，处理公司的事情像处理家事，这样的领导怎么能有效地约束下属？她感觉老汪信任的几个采购和销售人员都多少有些问题，怪不得公司漏洞百出，成本降不下来了。她要以这件事为契机给公司所有人特别是老汪以警示，彻底改变公司在采购和销售上的随意性。

第二天，楚婕让助手通知吕老板，他必须按照公司新的制度规定补齐相关手续，包括每个型号的单价和数量，公司审核后才能付款。吕老板补来的合同单价自然高出市场价格，楚婕以不合理为由拒绝支付高出部分。暴怒的吕老板马上电话找到老汪，碍于多年的交情，老汪硬着头皮去找楚婕，很快，从解释、争辩到争吵，老汪摔门而去。

刘丽云的烦恼

晚上楚婕回到上海家中，给刘丽云打电话聊到深夜，了解老汪和其他供应商的类似交易，一再和刘丽云强调这种行为对公司发展的危害性，再三嘱咐她，从此公司没有她的许可不能动用一分钱。

第二天，老汪带着吕老板直接到财务部找刘丽云，老汪希望他的旧部能够顾及老领导的面子，把以前的业务像以往一样处理掉。没有楚婕的签字，刘丽云自然不敢违反财务规定，可是老汪的难处她又非常理解，她答应晚上劝劝正在上海的楚婕。晚上的电话又是聊到半夜，在楚婕的原则面前，刘丽云对老领导的同情显得苍白无力，她不仅没能说服楚婕给老吕顺利拨款，而且还被楚婕深刻地教育一番，让她的财务部门在精细化管理中发挥作用。电话里，她非常认同楚婕所说的现代管理理念，但面对老汪时，老领导的苦衷又让她非常同情。

刘丽云很快发现，自己成了楚婕和老汪互相发泄怨愤的中间人。因为老吕事件后，老汪和楚婕已经不能正常沟通了，刘丽云本以为自己可以热心地从中调停，结果反倒是她开始被老汪和楚婕"轮番折磨"。因为要处理两个公司的业务，楚婕白天很忙，只能利用晚上时间和刘丽云在电话里聊，而且总是一聊就到半夜，除了工作就是对老汪的不满。老汪则常常是到刘丽云的办公室倒苦水。更有一天，精细化管理下不能报销差旅费的一个业务员将怒火发泄到刘丽云身上，他愤怒地在电话里威胁刘丽云的人身安全……压力之下，刘丽云心生厌烦，开始在外面另找工作，打算"用脚投票"。

水火不容

老汪和楚婕的关系在恶化，程开远的耳根也开始不得清净了。楚婕刚刚上任一个月，老汪打来电话，抱怨楚婕开始"整人"了。楚婕把销售副总、销售部主任全部"挂起来",让所有销售业务员直接向她汇报,还准备从上海分公司招聘销售副总。确实,楚婕刚打来一个报告要任命这位销售副总,可是杭州设备公司已经乱成一锅粥了,考虑到稳定,程开远没有同意楚婕从上海搬兵的要求。尽管楚婕再三请求,程开远还是不肯同意,他感觉到了一种火药味,隐约就像楚婕以前与上海公司几个副总的矛盾在重演。程开远开始不断提醒楚婕注意处理好和原先团队的关系,提醒她千万不能重演在上海分公司的人事纠纷了。可他接下来并没有看到关系缓和的迹象,耳闻的却是,老汪和楚婕已经上升到拍桌子骂人了。

设备公司经常有资金周转问题,老汪和员工一起集过资,楚婕上任后也曾从上海分公司调来资金应急。今年六月,恰好老汪家里买房急着用钱,房子已经交了押金,急等首付款。楚婕也知道这一点,可是当她知道这笔集资款的利率是按银行最高贷款利率计息,而以往向上海公司拆借的资金仅为一般银行贷款利率时,楚婕愤怒了,这是明显占公司的便宜!她要让老汪和公司的人知道,占便宜的人是要付出代价的。于是,她让财务把账上刚到的销售回款先还了上海分公司的借款,而不提前还老汪的借款。结果,新仇旧恨加在一起,老汪无法克制自己,拍着楚婕的办公桌痛骂她的无情无义。

程开远不是不知道这些,也不是没有提醒楚婕注意处理好与原先团队的关系。但他不可能在每一件具体事务上指点楚婕如何处理，他只能在老汪他们反映问题的时候先平息事态，背后再提醒楚婕。中秋节前的民意调查似乎表明事态已经发展得非常严重了。除了老汪，公司其他管理人员也都被楚婕逼到了墙角：销售副总和销售部门经理实际上已经被停职，公司销售业务瘫痪，生产随之停顿；面对抱怨重重又义愤填膺的同事们，楚婕一向倚重的财务经理和技术经理也开始怀疑楚婕的所作所为不是在拯救公司，而是在毁灭公司。

刘丽云和楚婕走得最近，她开始在半夜的电话里提醒楚婕："你说的和做的都很有道理，可要推行下去，要讲究些策略，不能硬来！"

意志坚强的楚婕哪里是能够轻易放弃的人！她知道改革不可能一帆风顺，有些底线和原则是决不能妥协的。她像一架永动机一样，每周在杭州连续办公三天，白天忙一天，晚上还要逐一梳理公司的业务流程，起草各种管理规定。她规定公司的所有业务必须在这些新的要求下运行。按照她的指示，每个部门都开始重新建立工作规范。哪怕办公室要处理一部二手车，也不准像以前那样随意找个买主就办理过户了。经手人必须通过规范的流程约谈几家有意向的买主，还要写情况汇报，由总经理确定交易程序；按照交易程序，每个环节也都要有汇报，总经理同意后才能再接着向下走。楚婕在意的不是车的交易本身，她希望通过这样一项工作训练员工规范化的工作习惯。她非常有耐心地辅导员工反复修改报告。可是以往随意惯了的员工却感到，这么简单的事还需要一再经总经理批示甚至否定，这就说明这个总经理谁也不相信！

杭州子公司鸡飞狗跳了半年，总部派人做的民意调查结果也非常差！还没等总部想出解决办法，管理层八个人就演出了开篇"集体上访"的一幕，这次被逼到墙角的换做程开远了。

程开远的纠结

从宾馆回家的路上，程开远除了再三问自己楚婕的任命究竟错在哪里，还对老汪这位前任总经理很恼火：当初你那么欢迎楚婕接任总经理，并一再表示非常欣赏她的能力，愿意在副总经理的位子上全力支持她的工作。可是短短半年，你竟然鼓动全体干部上访要撤掉她！其实这哪里是对老汪的恼火，这是程开远对自己的恼火！当初他是那么费尽心机地做出的人事决策，可没想到会这么早又这么激烈地宣告失败了。更关键的是，如果让这种集体上访的做法得逞，将来派谁去都会很难！而杭州厂不改革是不能重生的。他真的要将楚婕调离杭州子公司吗？

第二天一早，楚婕从杭州赶来他的办公室，看得出她的压力也很大,但她仍然坚强地向程开远表示:她推行精细化管理确实遇到了不可想象的困难,但在她的努力下,设备公司已经有了一些很好的起色,特别是在基层员工中,他们逐渐认识到以往管理方式的落后,再坚持三个月,她相信公司一定能够走上正轨。只要总部还肯相信她、支持她,她再努力三个月,设备公司的改革一定能够成功的,事实也将会教育"集体上访"的员工。她愿意去宾馆与八个人好好沟通,然后总结道:"杭州设备制造公司现在正面临最关键的时刻,我的去留意味着对以往管理方式的否定或是肯定,再给我三个月的时间,我坚信能把设备公司带上正轨!"

程开远何尝不愿意再给三个月的时间?!也许三个月真就柳暗花明了。多年的经历告诉他:商场上有太多"胜利往往就取决于再坚持一下的最后努力"的事情。而且,否定楚婕也就是承认自己的失败!何况他现在还没有任何人选可以接替楚婕,让楚婕再坚持三个月似乎也未尝不可,最起码能让自己有时间去寻找下一个总经理……

四　如果你是程开远

去法大校园的路上，恍惚间又是两年前那个华灯初上的夜晚，此刻他心中多了一份期待，期待答案的揭晓。但是，尽管他听慕老师说这批在职 MBA 学生普遍工作经验很丰富，但是他仍然不相信他们真的能体会当年他心中的纠结感觉。

法大的研究生院设在北三环蓟门桥西北角，地处海淀高校核心区，紧邻元大都遗址，大门正对的就是教学楼。按慕老师给的时间，他到的时候正好是课间休息，19：30 正式开始招聘选拔的第二个内容，就是《选拔总经理》的案例教学内容了。助教正等在教学楼门口，带他到了三层的一间大教室，没有人注意到他，教室最后面靠墙放着的两张桌子上，摆着各种水果和点心，很多学生或三三两两，或一大群边吃边聊，助教引他坐在后面靠边的一个座位上，坐定后，他才发现慕老师正站在前面讲台上，不显眼地冲他摆了下手打了个招呼，他知道这是不想引起学生们的注意。然后她拿起话筒：好了，我们开始上课啦！

喧哗的教室开始渐渐安静下来,程开远这才看清楚这个教室:接近方形,得有100多平米,按照很传统的那种会议室布置,一排排桌椅都很厚重!看着前面讲台上的慕老师在十米开外,虽然讲台比平地高出一点,还是觉得有点遥远。慕老师之前介绍说这个班的学生有70多个。

等教室里彻底安静下来,所有学生都看着讲台上微笑着看他们就座的慕老师时,她才开口:"今天《选拔总经理》的案例是完全真实的,哪位同学愿意简单介绍一下案例内容?"开始有人举手,慕老师指向一个人并走过去把话筒递给他,这个学生简单介绍了案例内容后,慕老师接过话筒问:"哪位同学愿意补充?"又有一个举手的学生接过慕老师的话筒,补充了楚婕在杭州子公司的改革措施和遇到的困难。也就三两分钟的开场白,程开远注意到学生们已经很进入状态了。

"好,现在,如果你是程开远,一边是管理层八个人要求调离楚婕,一边是楚婕要求再给三个月的时间,你怎么办?大家举手示意。"慕老师的话问得很慢,眼睛逐一看过教室里的学生,同时举起右手,示意学生举手回答。

很多学生开始举手,第一个被点名的举手学生回答道:"我肯定让楚婕留下来再试三个月!"

"为什么?"

"杭州子公司这么多年一直做不好，就是因为管理不好……"

这个同学显然还想滔滔解释，但慕老师很坚定地微笑着打断他："所以你留下楚婕的第一个原因是？"

"第一个原因是她推进精细化改革是对的！但她的方式上确实也有问题……"

"好，第一个原因很清楚了，有没有第二个原因？"

被再次打断后的学生稍微有点窘："第二个原因是，这次不支持楚婕，以后谁也干不了杭州子公司总经理了！"

"第二个原因就是要维护总部的管理权威，对不对？好，非常好，还有么？"

第一个同学表示没有，慕老师转向另一个举手的同学。在第二个同学发言的时候，她开始在黑板上写下一个大大的"留"字，下面写上了刚才的两条理由："1.精细化管理；2.总部的权威"。

"我也支持给楚婕三个月时间。除了刚才那个同学的理由，我想补充第三个理由：改革肯定是需要阵痛的，杭州子公司目前的业务损失也是必需的代价。"第二个同学的回答很简练，遵循了慕老师对第一个同学的发言要求：观点，理由1、2、3……

慕老师的黑板上多了第三条："3.改革必需的代价"。

陆陆续续又有五六个同学发言，每个同学发言时，慕老师都走过去递上话筒，然后在同学发言时回到黑板前面写下发言内容，然后在继续提问的时候走过去拿走话筒给下一个同学，就这样上上下下讲台，前前后后走动。大多数发言的同学决定再给楚婕三个月的时间，理由又多了起来："4. 没有更好的人选；5. 八个管理者必须认识到他们的错误"。只有两个学生建议马上调走楚婕，慕老师在与"留"并排的位置写下大大的"走"，下面列出理由："1. 楚婕已经不能和团队相处了；2. 杭州子公司的改革要靠团队，不是靠某个个人。"

"好了，差不多就这些理由了吧？我想问下咱班从事法务管理或是律师工作的同学：若留下楚婕，楚婕安抚好管理团队的可能性有多大？"慕老师已经走到一名同学面前，并递给他话筒。

"我遇到过几次类似的案子，可能性很小，因为冲突都公开到这种程度了，很难再共事了。"

"如果楚婕不能安抚好管理层，管理层会怎么样，会像他们声称的那样集体辞职么？"

"很难，因为自动离职没有补偿，被公司辞退要付很高补偿。2008年新劳动合同法实施后，对劳资纠纷中雇员一方加强了保护，若楚婕要辞退他们的代价是很大的。员工工龄越长代价越高。"

"非常好，这是大家要特别注意的，案例附录里专门摘录了与辞职有关的新劳动合同法的内容，案例里没有给出每一个员工的工龄情况，不能计算具体的辞退赔偿是多少，但特别提醒大家做人事决策时一定要考虑辞退员工的成本。"

"考虑到辞退的代价，留下楚婕再试三个月的同学有没有后悔的？"

没人举手，慕老师开起了玩笑："看来你们真的不是程开远，不用真正承担责任哈。"教室里一阵哄笑。

"现在留下楚婕和调走楚婕的理由都清楚了，最后我们举手看看多少同学支持留下楚婕，多少同学支持调走她？"

很快，"留"字上面写下数字"51"，"走"字上面写下"20"，中间写了大大的"VS."。

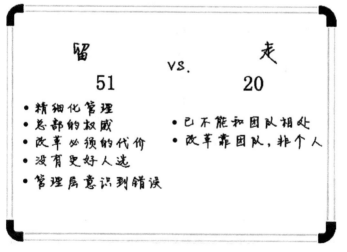

"好，51 VS. 20，不对啊，我们班 75 个同学，还有

4个同学没表态!"

教室里一阵哄笑,四处看谁是这四个同学。

"没表态也是一种决策,就是'不决策'!实践中经常会有这种时候,管理者左右为难无法取舍,就采取了'不决策'的决策,也许过一段时间,也就不需要决策了,比如楚婕畏难自己离开了,或是八个人跟从刘丽云开始另谋高就了。但大家一定要记得,管理者的最重要工作就是做决策。管理者不要回避决策,而是要提高决策的质量。"

"好,现在参与决策的绝大多数人支持再给楚婕三个月时间,少数人决定调走楚婕,最后决策应该怎么做?"

程开远看了下表,大约过去了二十多分钟,基本重现了他当年任命楚婕的会议全程:十几个高管在总部会议室开了一下午会,大多数人反对让楚婕兼任杭州子公司总经理,很少几个人支持他的任命提议,大家吵来吵去也没有达成一致意见,最后吵累了,谁也不说话都看着他,潜台词是:"老板你定夺吧。"

他深知最后的结局:不管他怎样决策,都有反对方。结果不好呢,反对方会说:"早知道听我们的就不会这样了嘛!"若结果还好呢,反对方会说:"要听我们的会更好!"反正结果怎样他都不会落好——总经理就是干这活的,顶着压力做有风险的决策!

教室里有几个人在发言：

"少数服从多数吧？"

"多数人的决策不一定正确，因为真理往往掌握在少数人手里！"

"我们公司里叫民主集中制，大家民主议一议，最后老板拍板！"程开远心想，这就是我们公司的决策机制，最后不管决策好坏，压力都在他身上，没有风光，只有风险。

慕老师还是微笑，微笑着听大家七嘴八舌讲了不同决策方法，然后总结道：

"再好的决策机制都不能保证一定有最好的决策结果，还要靠每个个体的决策能力。大家工作之余大晚上这么辛苦地回到课堂，目的就是要提高自己的决策能力，这节课我们要讨论的就是如何做出最好的选拔决策。"

程开远知道，现在要进入正题了！他努力挤走自己当年的沮丧，摊开了笔记本准备认真听讲了。不过他注意到学生们大多人手一本活页夹，夹子里有案例也有PPT讲义，很少有人像他一样摊开笔记本。

五 选拔决策重演

工作分析

"我们每次课都会提到人力资源管理的基本原则,就是'人事结合'!刚才各位同学关于楚婕的决策,哪位用到了人事结合的基本原则?"

很多人偷笑,但没有人举手。

"大家猜一下,怎样用人事结合的原则做选拔决策?"慕老师在黑板上写下大大的四个字"人事结合"。

不知谁冒了一句:"工作分析?"因为没有话筒,声音不大,但显然拿着话筒的慕老师听到了,"对,首先通过工作分析弄清楚'事',这里的'事'指的是杭州子公司总经理这个职位的要求,然后呢?"。

"然后人呗!"教室里几个位置上有人异口同声。

"非常好!这里的人指的就是杭州子公司总经理的人选楚婕。"

她转过身来问:"再然后呢,应该是什么?"

"人事结合!"又有人异口同声。

"对，就是考察楚婕与杭州子公司这个职位的人事结合情况，我们叫'人事匹配'吧。"

"人事结合"四个字下面，慕老师从左到右依次写上大大的"一、事（工作分析）"；"二、人（楚婕）"；"三、人事匹配"。

"我们先从工作分析开始，上次课我们刚讲过工作分析，工作分析包括哪两项内容？"

"工作说明和工作规范。"程开远发现教室里好一阵子不用举手，而是自由发言了，慕老师也不再讲台上下地走来走去了，而是主要在黑板前面写字了，似乎这些内容都属于复习以前的部分了。

她转过身来："工作说明就是工作内容，你们认为杭州子公司总经理这个职位要承担哪些内容？"

慕老师随手在工作分析下面写下："1. 工作说明"。

教室里开始七嘴八舌："带领团队""跟踪主要客户""内容管理制度的设计""财务控制"……

慕老师还是微笑着看着大家，但没有写下答案，只是偶尔重复个别答案。很快大家似乎说完了所有的答案，她才开口："大家的答案都很好！我就问一个问题：你们75个程开远会不会在这个职位的工作内容上有不同意见？"

"应该不会有吧，不会！"很多人先是有些犹豫，然后很肯定地回答道。

只见慕老师在黑板上工作说明后面点了省略号。然后写下:"2. 工作规范。"

"你们作为集团的高管,当然对子公司的工作内容要很确定。"程开远也把板书原样写在笔记本上:

"工作规范就是大家列出的这些工作内容对人的要求,好,多少同学看过课前布置的《现在,发现你的优势》?"

程开远环顾了一下教室,显然有人没读。慕老师扫了一下教室,没有停顿地继续讲:"没看过也没关系,我用几分钟给大家插播下它的核心内容。"

"大家都知道盖洛普公司是专门做态度调查的,它号称在接触了200万个各行各业的人后有一发现:那些工作优秀的人,不管是哪个行业哪些职位的,似乎都天生就是干这行的，就像葛优好像天生就是喜剧演员似的。如果这个结论还不能让你信服，那请想想我们中国也早有老话：三岁看大，七岁看老，说的就是人天生就不同。但他们从神经学里找到了让人信服的证据。"

程开远仔细读过这本书，对慕老师说的内容很熟悉，但她加了些"葛优""三岁看大，七岁看老"之类的内容，理解起来更轻松了。

"为了弄明白人天生的东西到底是什么，他们发现，任何行业的任何职位对人的要求都可以分为知识、技能和才干三项内容。知识就是信息，特点是看了就知道，听了就明白。技能是光知道还不行，需要时间练习。比如开车，交规考过了还得练才会开车，然后开 2 000 公里和开 2 万公里的司机，技能水平是完全不一样的。知识和技能都有个共同特点，就是后天可以学习，而第三项才干是先天就有、伴随终生的特点，后天怎么努力也是无法学习到的，这也在神经学上找到了依据。他们专门开发了一套统计工具，用 34 组词来代表这些先天的才干，通过测试给出每个人最显著的 5 个才干主题，比如思维、价值观等。"

"我们今天就用下这本书里所提到的每个职位对人的要求的分类：知识、技能和才干，没看过书的同学也没关系，今天我们也不用盖洛普的 34 个主题词，用我们自己理解的词来形容它们就行。"

教室里开始有跃跃欲试的气氛。程开远非常认同这本书的观点：要理解每个人天生具有不可更改的才干主题，用在适合他/她的职位上。他反复读这本书的时候，不断地意识到任命楚婕根本就是个错误——楚婕不适合这个位置，但不任命楚婕他又有谁可用呢？

"咱今天现场也做个选拔决策好不好？"慕老师提了个很意外的问题，"咱现场选拔一位同学，把大家总结的关于这个职位的知识、技能和才干要求分别写在黑板上。写完了，咱可以马上看下我们的人事决策质量怎么样！"教室里气氛活跃了起来，开始有人提名：马军来写！玉芬来写！

"这就直接提名啦？人事选拔第一步是？"慕老师指向黑板上的人事选拔三步骤，程开远也意识到，"知道"真不代表"会用"。看着那三个步骤很简单，谁都应该一听就会，但回到实践里，大家还是容易沿袭习惯的行为模式。

"第一个步骤是工作分析，先看这件事的内容和对人的要求是什么，"慕老师用话筒重复着一些同学的发言，"这件事的内容很简单：写字"，她伸出一个手指计数，"对人的要求还有哪些？"

"会写中国字！""写得要快！""写字要好看！""要写我们的意见，不能自己发挥！"课堂又开始活跃起来，七嘴八舌甚至有点调侃。

慕老师微笑着看了一会教室,"好我总结一下,第一个要求是会写中国字;第二个要求是一定要如实写我们的意见;第三个要求是要写得好看,不过我补充一点,不能比我写的好看!"教室里一阵哄笑,慕老师依次伸出三个手指。

"好了,现在按照这样的工作要求推荐候选人吧?玉芬行不行?""好!"教室里异口同声,程开远也被教室里的欢乐气氛感染,心情轻松了不少。一个开朗的女生在黑板前做好写字准备了。

慕老师拿着话筒走下讲台,"咱先从知识开始,这个职位需要哪些知识?"

"环保设备行业知识!""财务管理知识!""市场方面知识!""产品制造知识!"七嘴八舌间,突然有个人高声喊了一句"就是MBA学的所有知识!",教室里一阵哄笑,玉芬在黑板前不知所措,只写下了"知识:",慕老师很正式地说:"对呀,简便起见,玉芬可以写下'财务管理、市场营销等MBA所学知识',其他的当然也有,比如环保设备行业知识,然后就写个省略号吧!",玉芬快速地写完了。

"第二项,技能需要哪些呢?"玉芬写下"技能:",然后随时等着后面的内容。"哪位同学举手示意我?"慕老师举起右手。

程开远发现,教室里又开始举手发言,而不是七嘴

八舌了。慕老师把话筒递给第一个学生，

"业务开拓！"

"业务开拓可以通过训练来提高的，这是一项技能，非常好！还有哪些技能？"

"沟通！"又有一个举手的同学接过话筒，慕老师站在他旁边，"你认为沟通能力是一项技能，是可以通过训练来提高的？""应该吧，"被追问后，那个学生有点犹豫了。

"沟通是什么？"经慕老师这一问，程开远也一下有点困惑了，就像被人问"人是什么？"后的不知从何说起。

"把事说清楚了，是不是沟通？"慕老师进一步启发。

"不全是，对方还得听明白！"有人答。

"怎样让人听明白？"

"你得让对方愿意听你的？"

"非常好！沟通就是你得说明白，这是表达；你还得让对方愿意听、相信你，这是被信任！它俩都是技能，可以后天训练吗？"

教室里一阵迟疑后，有人说都是，有人说"容易被信任"是天生的才干，很难改变，程开远也仔细想了想自己的经验，还真是有人似乎天生长了一张值得信赖的脸，一样的事，他说的容易被人相信，而楚婕恰恰相反，她老是板着脸孔一副权威相，一样的话她说的大家就不太情愿听信她。教室里也很快倾向于同意将"表达"放在技能里，把"值得信赖"放在才干里。

程开远发现慕老师开始和学生一个一个地确认技能项和才干项，常有争执，她会不厌其烦把学生要表达的含义问清楚，然后根据是后天能训练还是先天性的分别归于技能和才干，并用学生自己的表达把这些项目分别放在技能和才干后面，大约 20 分钟后，黑板上已经写得很满了。

```
             人    事    结    合
         一              二              三
事（工作分析）      人（楚婕）        人事匹配

1、工作说明：……
2、工作规范：
知识：财务管理、营销等MBA所学知识、
      环保设备行业知识……
技能：业务开拓、沟通表达、新客户开发、老客
      户维护、流程管理、生产管理、成本控制
才干：被信任、魄力、毅力、抗压力、责任心、
      凝聚力、包容、亲和力
```

看到教室里举手不再踊跃了，慕老师说"差不多就这些了吧，谢谢玉芬，请回到座位上。我们评价下我们

对玉芬的人事选拔决策质量怎么样?"

"我们看看玉芬的工作,工作要求是:第一个会写中国字;第二个要求要如实写我们的意见;第三个是要写得好看,还不能比我写的好看!根据这三个要求看看玉芬的工作完成得怎样?"

"很好!""就是字写得太好了!"一阵调侃声中,慕老师笑着总结:"实践证明,我们选拔玉芬这个决策做得不错!"

"回到彩虹集团的人事选拔,工作分析我们做完了,彩虹集团在做工作分析时会不会有分歧?"

"当然不应该有!"

"为什么不应该有?"

"公司战略是确定的,对每个职位的要求肯定是确定的!如果有分歧,就是对公司战略的理解有分歧了,这不应该的!"

"也就是说你们在第一个步骤达成了一致意见罗!当然我们同学不是彩虹集团的高管,若有分歧,也是因为案例信息不足导致了不同的理解,若在彩虹集团,这个步骤不应该有分歧!"程开远回忆了一下自己当年召集的任命楚婕的集团会议,参加的都是集团的高管,这个步骤的结论确实不会有分歧。

楚婕其人

"现在看第二个步骤:人事结合中的'人'!这里就楚婕一个候选人,我们把楚婕的情况与这个职位对人的要求对比一下看!知识方面,财务管理知识她有没有?"

"有!"异口同声!

慕老师用红色的粉笔在财务管理上画了√,挨项问下来,所有的知识项上都画了√,所有的技能项也都画了√。

在才干项的第一项"被人信任"开始有了分歧。

"案例中所有的人物,有多少信任她,多少不信任她?"

"杭州子公司的管理层后来都不信任她,是因为楚婕管理严格,但这不是楚婕的错。"

"我们这里不讨论原因,只讨论别人是否倾向于信任她,只有信任她才可能听从她的领导,对吧?"

"那,好吧。"显然反对的同学不是很服气,很勉强地表示同意后,慕老师又继续后面的几项,大家认为楚婕不具备的就画×。很快黑板上所有的项目都有了红色的标识,√明显比×多多了:

二 人（楚婕）

知识：财务管理✓、营销等MBA所学知识✓、环保设备行业知识✓……

技能：业务开拓✓、沟通表达✓、新客户开发✓、老客户维护✓、流程管理✓、生产管理✓、战略策划✗

才干：被信任✗、魄力✓、毅力✓、抗压力✓、责任心✓、凝聚力✗、包容✗、亲和力✗

看着黑板上绝大多数项后面的√，程开远开始困惑了，不知道慕老师费这半天劲，用着全是学生提供的对人的要求能得出什么结论来。

"看着这么多的对号，楚婕的岗位适配度怎么也得80%以上吧？坊间传闻：一个职位能找到适配度70%以上的就很不容易了吧？"慕老师的口气明显又有些调侃的味道。

慕老师用探寻的眼光看着大家，程开远和所有人一样也都用探寻的眼光看着她。

终于有一个同学举手了，慕老师点了他的名字，他立刻成了教室中的焦点，前面的同学整个人扭过来看着他。"楚婕的岗位适配度非常高，但她不具备的那几项非常重要!"

"为什么'非常'重要?"慕老师明显把"非常"两个字说得很慢很重。

"按盖洛普的分类,知识是信息,很容易学到;技能需要时间来练习,只要有耐心也是可以学到的,但才干是天生的,没有的话后天也不太可能得到改善了。"

"但才干这些项,楚婕并不是全都没有啊!总不能奢望找个十全十美的人吧?"慕老师追问时已经走到这个同学的身边,把话筒递给他。

教室里很静很静,这个同学一时语塞,慕老师开始环顾教室。好一阵子,又有个男生举手,慕老师直接走过去把话筒递给他:"杭州子公司目前的阶段,像亲和力、凝聚力这些项要比魄力和毅力更重要!没这些特征就没人跟她干了!更不可能干好了!"

"大家同意吗?"慕老师环顾教室,没有人提出异议。"我也很赞同这两位同学的看法。再问大家一个问题:在第二个步骤,彩虹集团参与决策的高管是否会有异议?"

"当然不应该有异议啦!他们对楚婕已经非常熟悉啦!"教室里又有点七嘴八舌了。程开远也想了想,楚婕是彩虹集团的老员工了,大家对她本人和她的工作确实都非常熟悉,拿楚婕的情况与工作的要求做对比确实不应该有分歧,估计这个过程不用十分钟就可以完成了,他看了看表,慕老师用了十多分钟。

人事匹配

"选拔决策的第三个步骤:根据前面详细的人事结合分析,让我们来决定楚婕与这个职位的人事匹配情况怎么样?哪位同学有看法?"慕老师举手示意大家举手回答。

一片举手中,慕老师点了一位同学的名字。"不匹配,尤其是现阶段非常不匹配,但也找不到比她更匹配的了。""你给的答案是'不匹配',对吧?"慕老师确认了一下。"有给出'匹配'结论的吗?"没有人举手。

"这样,我们举手统计下,认为不匹配的举手看一下。"齐刷刷几乎所有人都举了手,"也就是说所有人都认为她不适合这个岗位。"

程开远有点蒙,他使劲问自己应该怎么回答这个问题。

"好了,现在我宣布最后的结论:既然大家都认为楚婕不适合这个职位,所以马上调离她。"慕老师说得很慢。

教室里很静,刚才回答问题的同学一下站起来,言语间也有点急:"可是,你也找不到比楚婕更好的人选了啊!总不能把杭州子公司关门了吧?"

"对,如果你总也找不到合适的总经理,公司就该关门!"还没等教室里七嘴八舌,慕老师接着说:"大家回顾一下我布置的德鲁克的阅读材料,回味一下他的观点有没有道理——把一个人放在不适合他的岗位上,是对他个人和组织的双重伤害!楚婕的任命,从程开远到所有高管都认为不适合,但没有比她更适合的人选了,所以还是在犹豫了两年后任命了她。短短半年就证明了公司所经受的伤害——业务停顿。这件事对她个人的伤害也是非常大的,前几个月我访谈她时,她忍不住在我这个陌生人面前痛哭失声,两年过去了,郁积在她心里的伤害仍然无法释怀!这就是对组织和个人的双重伤害,应该承担责任的不是楚婕,而是做决策任命她的人。楚婕不适合这个岗位,那就应该调离,这个人事决策结束;当然你可以再继续寻找其他候选人,开始新的人事决策。"

慕老师看向程开远,程开远一阵胃绞痛,有点负气地想:总经理就这活——怎么都有错!

"明知道她不适合这个职位,盖洛普的研究告诉我们,不要幻想她会改变;德鲁克的观点告诉我们,不要任命不适合这个职位的人。如果你怎么也找不到合适的人,除了关门你没有其他的办法!坚持一天就是对公司一天的损失!"

关门一说猛地击中了程开远,那些年里,他无数次冒出这个念头,但每次都在念头一出现就掐灭了它。

"找不到合适的人，公司那么多年一直在亏损，却一直没有做出关门的决策，你有理由期待奇迹出现，但结果往往是奇迹出现之前，市场会宣告公司的倒闭。杭州子公司的亏损一直在彩虹集团能够承担的范围之内，若超出集团能负担的范围呢？"

"大家想知道不关门的原因吗？是恐惧——害怕做这个决策的恐惧！借口是再试试看！"慕老师一改微笑形象，表情非常严肃。教室里非常非常静，只听得见空调的声音。没有人讲话，良久，有人举手，慕老师示意他发言。他问："程开远当时怎么决定的？"

教室里紧绷的气氛有点松弛，甚至有些活跃，慕老师开始卖关子："大家可能还没注意，今天教室里来了一位神秘嘉宾，他就是彩虹集团总经理程开远，让他自己来回答这个问题吧。"

慕老师向程开远坐着的方向伸出手邀请他到讲台上，他的出现成了教室里的惊喜，大家拼命鼓掌看着他走向教室前面。

"程总，你先告诉我，这三个步骤的人事决策在你们那里行不行得通？"慕老师把话筒递给他。

"肯定行得通，我要当初能按照这样的步骤做决策就好啦！我正在想的是，这三个步骤我也知道，为什么我不能在公司的人事决策时用上它？看来'知道'和'会用'还真是两回事，我回去要好好研究下，怎么把这三个步骤用好。这是我听这次课的重大收获!"

"后面的故事很长,不知道慕老师能给我多少时间?"程开远知道,还有十多分钟就该下课了。

"那这样吧,九点钟下课,想离开的同学不用打招呼,悄悄离开就行,程总可以不用考虑时间。"

程开远定了定神,开始回忆两年前那个晚上之后发生的事。

六 选人重要，还是用人重要？

第二天一大早，楚婕很坚强地要求公司再给三个月时间，并保证一定能将杭州子公司带上正轨。楚婕是去还是留？昨晚几乎一夜无眠的程开远又一次体会了管理者这个职业所必须独自承担的压力。的确，所有商业决策都有着不确定的因素，而人事决策往往有着更大的不确定性！自从他由集团CFO升任CEO后，他一再面临两害相权取其轻的人事决策，有过成功，也有过失败——就像这次楚婕的任命，他每次都试图总结出成功的经验或失败的教训，可到下一次决策的时候，他发现仍然无所参照，因为每次人事决策都像一次赌博，输赢决定了结果是成功还是失败。

直觉告诉他，杭州公司必须马上恢复正常！尽管他现在已不知道什么是正常？但他知道，管理层都离开了岗位就是最大的不正常！

等楚婕话音一落，程开远就站起来拍了拍她的肩膀："我还是决定让你回上海，杭州的事你就不用管了！"看得出来，楚婕很失望，他又何尝不是呢？他不能批评她什么，也没心情安慰她什么，好在还有业绩一流的上海分公司等着她，设备公司的失败不致对她的自信心打击太大。

选人不易

来不及反思楚婕的选用到底错在哪里，程开远必须马上面对的是，设备公司的下一任总经理在哪儿？他下意识地握紧手中的茶杯，似乎要将它粉碎，他强迫自己镇静下来，陷入沉思。他的脑海里突然闪过一个人——马博。当年马博接手江苏分公司的时候，情况之危急与今天何等相似！

他马上又苦笑着摇了摇头，处心积虑花了两年多时间选定的总经理半年就惨败而归，现在几秒钟才想到的人选又会有几成胜算？可军中不能一日无将，杭州设备公司的八个人不能在京久留，明天必须回去，他也必须有新的人事任命。还是先用马博顶上吧！

马博，理工科出身，大学一毕业就进入公司总部的技术部从事技术研发工作。六年时间，他从一个普通工程师成长为技术部经理。四年前，按照总公司经理人员培养计划，马博被派到地处苏州的江苏工程公司挂职锻炼一年，出任江苏分公司的副总经理。马博刚到苏州三个月，原来的江苏分公司总经理带着核心团队突然离职去创业，也带走了公司已有的客户。除了马博这个挂职锻炼的副总经理，江苏分公司的管理层只剩下两个部门副经理。当时的情况和今天非常相似，江苏公司业务也是几乎停顿。马博被紧急委派出任江苏公司代理总经理，程开远承诺会尽快物色新的总经理来接替他。

马博对这段经历的感受刻骨铭心，本以为自己在锻炼一年后，将回总部继续自己"工程师——项目经理——技术部经理——副总工程师——总工程师"的职业生涯，从来没有开拓市场的思想准备。最要命的是，他从来没有做过市场，也没有任何管理经验，在江苏更没有任何人脉关系，除了三个月实习期，之前在江苏境内的停留加总都不超过30天！要重整团队打开江苏市场，其精神压力可想而知，年轻的马博一度斑秃！

现在回想起来，马博把如何渡过那段难关归为运气：一是总部给介绍了两个项目。程开远领导的集团公司是国内环保工程领域非常出色的一家企业，主要承揽环境保护工程的设计和施工管理业务，在客户中享有很好的声誉。二是原来遗留的一个没有希望的项目，又被自己找了回来。有了现成的业务，江苏分公司很快平稳下来，招兵买马总算渡过了最困难的第一年。这一年里，马博个人也迅速转型，他总结自己的转型："发现自己除了做技术以外还可以开拓市场，还能管理一个团队。"程开远还没来得及物色到新的江苏公司总经理，马博已经证明自己非常胜任这个岗位了。

很快，马博的团队不仅站稳了江浙市场，还分别在哈尔滨和南京设立了办事处，把一个本来亏损一百多万元的公司变成年盈利两千多万元的单位，由原来只有两个部门副经理的烂摊子变成了人才济济的团队。

也许你会奇怪，当初为杭州设备公司物色新任总经理的时候，总部为何没有将马博列入候选？

关于杭州设备公司总经理的人选，程开远之前不是完全没有考虑过马博。只不过他当时给这个人选设定了一个非常重要的标准，就是新任总经理必须能够与老汪融洽交接。老汪领导杭州设备公司十几年，从车间工人到公司副总都是老汪一手选拔和培养起来的，没有老汪的支持，新任总经理很难顺利开展工作。虽然他没有和老汪摊开了讨论过，但他能感觉得出来，在老汪眼里，马博太年轻——马博的年龄甚至比老汪的孩子还要小！他十几年没干好的工作，一个孩子怎么就可能干好呢？确实，马博领导的江苏分公司虽然业绩不错，但做的是工程服务业务，没有任何设备生产的管理经验。相反，老汪对楚婕的能力非常欣赏，一再表示将全力支持她的工作，程开远自然也就没有继续考虑马博。

现在，杭州设备公司也成一烂摊子了，程开远的目光所及，也只有马博能帮他顶这个烂摊子了。虽然他没有当年任命楚婕时的信心，但现在形势刻不容缓，容不得他过多地考虑。他从北京总部打电话给马博，简短几句话介绍了情况，马博说给他两三天考虑。很快，马博回电话，同意兼任杭州设备公司总经理。

没过几天，程开远再次亲赴杭州设备公司，宣布新的人事任命：任命马博兼任设备公司总经理，老汪为资深副总经理。程开远把他所了解的公司人事情况一一交代马博，也将支持他做的任何人事调动，要求只有一个：稳定与发展。

用人也不易

马博接手一个月以来，程开远都几乎有点不适应杭州设备公司的安静了。马博上任后也很快地做了些人事调整报批总部：说服老汪不再上班，但待遇保持不变直到60岁退休；将设备公司与江苏分公司的人事行政部门经理对调；从江苏"分"公司调来经验丰富的员工任新设的售后服务部门经理；新招聘了生产副总。所有这些人事安排，总部都立马批准。因为程开远知道马博"不会把公司人事问题弄乱了"。马博当年在总部做过他的助理，他太熟悉马博的秉性了，而楚婕最大的缺点恰恰就是"总是把人事问题搞得一团糟"。

一切似乎都天下太平了，可是程开远悬着的心刚要放下来，总部财务总监向他反映说，杭州设备公司的财务经理刘丽云又有辞职的想法。他还没来得及了解具体情况如何，马博突然飞来北京汇报说刘丽云提出辞职了。

财务出身的程开远历来非常重视财务人员的任用，各分公司的财务经理都是两条线同时管理：分公司总经理和总部财务总监。刘丽云是老员工了，总部财务部门都非常认可她的工作能力和工作态度。马博知道此事非同小可，自然不同意刘丽云的辞职，但也没有把握能留住她。

在总部附近的茶馆里，程开远同马博逐一分析问题出在哪里。他经常在这里处理一些棘手的问题，因为在这里可以不被打扰地长时间讨论。

其实公司上下都知道，楚婕在的时候，刘丽云已经有离开公司的打算，也在外面找了工作，但她迟迟没走也是对工作多年的环境不舍。现在又突然辞职显然是马博的原因。马博一边回忆他上任后的工作，一边分析问题到底出在哪儿：他上任后，公司内部业务几乎停顿，外部不是材料商催账，就是客户投诉售后服务，新客户开拓更不可能了。他一边尽快把过去的事情清理掉，一边与部门经理逐个谈话，稳定军心让大家迅速进入工作状态，先是销售部门、然后是生产部门、人事部门……对了，他突然意识到问题可能出在哪儿了：他从来没有和刘丽云单独谈过财务部门的工作，难道这就是起因？刘丽云可能会误会他对财务工作不重视？他想起上周刘丽云来办公室找他说，财务部门工资普遍偏低，要求涨工资，他当时正忙着解决客户的售后服务麻烦，哪里顾得上员工涨工资的问题。他没有细想，马上就答应了刘丽云涨工资的要求。可不能理解的是，没过两天，刘丽云又给他发邮件说，她马上要向公司提出辞职，让马博考虑财务工作的交接。现在想来，刘丽云要求给财务部门加工资可能只是借口而已，而实际上是希望让新任总经理重视财务部门，而马博恰恰用实际行动表示了他的"忽视"。

听着马博陆陆续续的回忆和分析，程开远也想起总部财务总监提过刘丽云有辞职想法的事，和马博分析的情况基本相符。马博很委屈：接手时的公司乱成一锅粥，唯独财务部门因为有总部的管理还算清晰，刘丽云工作能力不错，谁想到恰恰是他以为最不会有问题的财务部门给他出了难题！刘丽云很可能是误会他了，他回去尽量做工作。

一听马博说"尽量做工作"留住刘丽云，程开远有点急了，脱口而出："是必须留下她，而不是尽量留下她！"财务经理是公司非常重要的一根台柱，这根台柱一撤，公司很多业务衔接不上，这会牵扯马博太多精力，设备公司再也经不起折腾了；再者，刘丽云是公司上下认可的"干将"，她辞职一定会影响马博在公司的威信，对他未来成长不利。他很了解刘丽云，她对公司很有感情，不到万不得已是不会离开的；他也知道马博现在的心情，他对刘丽云还有怨气，埋怨她既然备受公司器重就不该在这个时候添麻烦。

程开远已经和马博谈了整整一下午了，窗外暮色渐浓，他知道这是考验这个年轻人的好机会。回顾自己的经历，他何尝没有经受过这样的考验？程开远用自己的亲身经历告诉马博，一个管理者最需要磨炼的就是心胸，心胸磨大了，才能带领更大的团队，他必须"过这个心关"！

第二天，马博从杭州发来短信：误会解除，刘丽云留下。又一个月后，总部召开财务预算会，程开远随意问起走廊上碰到的刘丽云：马博领导得怎么样？刘丽云有点不好意思地说：马总很能干，心胸也很广！我开始还以为他对我有看法差点辞职呢，毕竟我和前两任总经理关系都很好。其实是我多心了，根本没有这回事。

"哈！这样啊，"程开远有点忍俊不禁，"和你的前任领导比，马博怎样？"他知道刘丽云是个爽快人，一定会正面回答他的问题。果然，刘丽云很坦率地说："要论私人感情，汪总对我最好，楚总次之，和马总交道最浅，但要我说支持谁，我把这个顺序正好反过来，马总是最棒的总经理！"

程开远边回会议室边想，人真是太奇妙了，让你永远有遗憾也有惊喜。一个精心挑选的人，败得那样惨烈；一个临时顶上的人，却挑起了大梁！他现在有心情回过头来好好反思一下了：楚婕的任用到底错在哪儿了，马博的任用，又成功在哪儿?!

七 机会与成长

马博是程开远亲自招聘进来的年轻人,一直被定位为走技术路线。由于一个纯属偶然的机会,马博成了江苏分公司的总经理,显示了包括他自己都没有意识到的管理能力。又是一次偶然,总部希望他接手杭州设备公司,他能否同样幸运呢?

虽然程总在电话里只简短地介绍了一下情况,但马博还是深深感受到了上司的压力。苏州离杭州很近,不用多说他也知道杭州设备制造公司现在的混乱。从程总的电话中,他听出来了,他不接,也没人能接或者是肯接了。他嘴上说再好好考虑一下,实际上心里明白,这件事是推不掉的。

杭州设备公司是北京总部与杭州当地一家老国有企业的合资公司,本来有设备生产和工程服务两块业务。因业务发展需要,2010年总公司将工程服务业务与苏州的业务合并,组建了现在的江苏分公司,马博手下不乏当年设备公司的老员工,行政人事经理张军就是其一。虽然设备公司和江苏分公司业务往来不多,但这些老同事们从来没有间断过工作之外的联系，对设备公司的议论也颇多，几年来，多多少少马博也听到不少，他对设备公司也算有些了解。就是因为了解，所以他绝不会主动请缨"搅这潭浑水"。其实，看着设备公司业务几乎停顿，张军他们早就希望马博能够接手了，他们确实也能给马博不少帮助，但在这么紧急的关头接手，马博还是没有太大的把握。

放下程总的电话，他把自己关在办公室里琢磨起来。马博是个慢热的人！在别人眼里，他确实有点"慢半拍"，外表憨厚而温和，绝不像是雷厉风行的那种类型，也难怪去年楚婕信心十足的时候，总部并没有考虑让他接手设备公司了。来公司十年了，他从没有积极争取过什么。他信奉的是稳扎稳打，踏踏实实做好手上的事。在他看来，人生如爬山，不要好高骛远，要做的就是校准目标踏实走好每一步。非常幸运的是，一段时间过去，他突然发现"爬山"的队伍里，自己已经走在前头了，所谓的机会也已经非你莫属。他感谢每一个提携他给他机会的人，不管多难，他要把接任设备公司总经理当成自我挑战的机会来把握。

有了之前三年的管理经验，他已经不至于像接手江苏分公司时那么紧张和迷茫了。他把能想到的来来回回全都琢磨了好几遍，然后给老汪拨了电话，老汪还在北京回杭州的火车上，两人约好第二天晚上一起吃个饭。

不论是年龄还是在公司的资历，老汪绝对是前辈，马博一直都很尊敬他。寒暄过后，马博没提"集体上访"的事，而是直接问老汪："程总给我电话，让我接替楚婕做总经理，你觉得怎么样？"老汪一愣，根本没接话茬，马上转移话题又聊起了别的。马博明显感受到了他和老汪之间隔阂顿生，就像竖起了一道看不见的墙，他知道，那道墙是老汪和设备公司总经理之间不可逾越的墙，谁在总经理的位子上，老汪墙对面的就是谁。他尊敬老汪，功劳不说，老汪在设备公司十几年的苦劳是有目共睹的。如果老汪能协助他该多好啊，现在看这是不可能的了。

马博上任第一天也是他第一次到设备公司，程总对他的要求就是稳定加发展。在他的理解里，没有稳定不会有发展，没有发展更不会有稳定。一上任，他轮流找来各部门经理谈话，让大家迅速进入工作状态，不谈过去，只讲现在应该做什么。过去弄得鸡飞狗跳的往来账目也尽快处理掉，公司必须马上面向未来。

第一次谈话后，马博在公司从此不再提"集体上访"的事。他和大家一起分享自己对机会与成长的理解：公司的发展能够提供很多机会，具体到每一个人能否抓住机会，要看个人的成长要求，如果个人的成长要求与公司所能提供的机会不能合拍，虽然很遗憾，恐怕也是分道扬镳的时候到了。马博接手半年，也有员工离职，但有这样的指导思想，离职并没有引起什么波折，包括老汪的挂职退休。

对于老汪来说，设备公司几乎是他的生命，马博也非常理解老汪对设备公司的感情。老汪初中毕业就进入设备公司，从工人干到总经理，人生几十年的工作时间都耗在这里了，他对这里的一切都太熟悉了，理智上他必须接受总部派来的新任总经理，但感情上，他无法接受不在他领导下的设备公司。马博任设备公司总经理时，特别报请总部任命老汪为资深副总经理，保持原来的总经理待遇不变。即使这样，老汪还是很难调整到位。半年后，马博说服老汪退休，设备公司保持他原有待遇一直到60岁。

和楚婕一样，马博也认为销售是龙头；和楚婕不一样的是，马博上任后最多的精力是放在激发销售人员的积极性上，而不是规范销售人员的行为上。他反复和销售部门的员工谈话，共同制定销售提成制度：按销售回款提取销售费用和奖金，销售费用怎么支配公司原则上不干涉，奖金提取上不封顶。很快，连老汪都觉得有些销售员奖金拿得太多了，公司是不是应该修改提成制度，降低提成比例。但马博坚持制度不可轻易更改，他在给所有人一个信号：制度一旦制定，任何人都不能轻易更改！销售部门的员工边拿着实惠边理解了这个道理。

销售人员的积极性被激发出来，偌大的销售部门办公室经常空无一人，大家都泡在客户那儿了。公司的订单开始接不过来，总经理开始越来越多地表扬销售人员，以至于其他部门都开始嫉妒他们的风光和越来越鼓的钱包了。

所以，刘丽云要求给财务部门涨工资时，马博一点也不觉得意外。随着公司业绩提升，每个部门的收入也都要逐步改善。他马上答应了刘丽云涨工资的要求。但不能让他理解的是，他刚答应没几天，刘丽云又给他发邮件正式提出辞职，理由仍然是希望涨工资。

马博一下子完全摸不着头脑，这个辞职理由刚用过啊！难道是刘丽云对他个人有意见？也不像啊，他接手设备公司时正值年末，总公司的审计，工商、税务的年审接踵而来，这都是财务部门一年中最忙最难的时候，刘丽云都已经处理妥当，似乎没什么为难他的迹象。

第二天一大早，他把刘丽云叫到办公室问道："又希望涨工资？""是。"刘丽云没有感受到继续说下去的鼓励，也就没再说什么。马博心里有点恼火，摆弄着手里的文件："好吧，我考虑考虑。"说完，他抬眼看着刘丽云，也不准备再说什么了。刘丽云白皙的脸有些涨红，答应着走了。马博怎么也想不明白，前几天刚给她涨了工资，她也很满意，才几天怎么又要求涨呢？

分公司的财务经理都是两条线同时管理：分公司总

经理和总部的财务总监。财务出身的程总历来非常重视财务经理，刘丽云辞职可不是小事，马博立刻飞北京面见程总。在上司面前，他详细讲了事情经过，程总的态度非常坚决，就是一定要留下刘丽云，而且必须是马博自己留下她，程总绝不会出面说服。

除了坚决留下刘丽云的态度，程总还帮他分析了刘丽云的心理，他上任后逐一关注各个业务部门，唯独对财务部门最放心，交流也最少，而刘丽云很可能误会了他，以为他是在忽视她。设备公司长久以来形成非常浓的人治型的管理文化，老汪非常注重与员工的私人感情，而楚婕又有目的地"打击"了与老汪私交很好的员工，这种文化下，与总经理的私交深浅一定程度上也代表个人在公司的地位。刘丽云与老汪和楚婕的交情意味她曾一直是公司的重要人物，依此推论，马博的"忽视"也就意味着她现在的地位在下降。每个人都是特定文化的产物，看来要改变它还真不是件容易的事。

在北京机场候机回无锡的时候，马博就打电话给刘丽云，约她下班后留一下，他要和她在办公室好好聊一聊。

马博是个话不多的人，从来都是个很好的听众。他很难得地在刘丽云面前一口气说了十几分钟，他讲他对机会与成长的理解；他讲他来设备公司的分内事就在于给大家提供更多更好的机会；他讲公司上下对刘丽云的评价，让他可以把财务工作完全放心地托付给她……

马博一口气说完，看着刘丽云有点窘，他接着又总结了一句："如果说你辞职是因为待遇不满意，你是多年的财务经理了，你只要觉得公司可以承受，涨多少我都同意！"刘丽云赶紧分辩说："马总你一来公司就和各个部门经理谈话，都谈好几轮了也没找过我，我和汪总、楚总关系都很好，我以为你会给我穿小鞋呢。你接手半年了，可能的财务麻烦我也都解决完了，我现在离开对你今后的工作没有任何影响了，所以……"

"呵，那你是试探我呢吧？"马博难得和下属这样开玩笑，他现在心里轻松多了，看来程总对刘丽云的判断是对的。

2014年的春天，老厂房再也不能容纳快速增长的业务了。无锡设备制造公司找到了更大的新厂区，在新厂区开工的动员大会上，马博在发言时有些激动。很多员工都深受触动，对他当时的讲话至今记忆犹新：原来老国有企业的很多观念都在发生变化，这次搬迁标志着设备公司的新生，因为这次搬迁让它真正实现了"心理上的断奶"，从今往后，我们不再停留在以往的功过上，发展才是我们今后的工作目标。

一晃两年过去，又是一年月圆中秋，杭州设备公司在马博的带领下已经彻底走出了过去的阴霾，他们搬了新厂房，发展了新业务，对未来充满了信心。

教室里静悄悄的，时间已是晚上九点半，没有一个人离开，所有人都非常投入地听程开远一口气讲了案例之后的两年里发生了什么。最后，程开远深吸了一口气：杭州子公司的发展我早就不再担心了，但我心里还是一直很纠结，这件事给我留了后遗症，让我对人事决策非常不自信！我很清楚人事决策是我最重要的工作，但我不知道楚婕的决策我到底错在哪里了，也不知道马博的决策到底对在哪里了。有时候甚至很沮丧地想，以后做人事决策时干脆扔硬币算了！今天这次课让我彻底明白了，看似很简单的决策三步骤，其实真正实施起来很有深意，希望大家能有和我一样的收获！

后　记

　　用这种方式介绍哈佛毅伟式的经典案例教学，心里很是忐忑。所以写完后，陆续发给十位从事管理实践或是管理培训的朋友试读，很意外的是得到一致称赞。当然肯定有朋友为了鼓励我，称赞里加了水分，但我还是备受鼓舞，希望借由这本小书引起大家对中国管理教育的重视、讨论和投入，进而提高中国的管理教育质量。最让我意外的是，好几个人说他们读了 Jim 的财务管理案例课后很感动，包括 Jim 自己和他的家人！Jim 是个非常严谨的人，虽然我们一直一起讨论如何呈现他的课堂，我还是将中文初稿原原本本翻译成英文发给他看。没过两天，他很兴奋地在视频会议里告诉我，他一口气读完后，非常感动，然后迫不及待地读给家人听，他的太太和女儿也非常感动，甚至建议说我应该写小说而不是教管理。意料之外似也应在意料之中，因为我自己在构思和写作过程也常常沉浸其中并深为感动：管理的世界是如此的缤纷多彩，管理的教育是如此的永无止境！

　　其实要表达的东西太多，而这样一本小书能承载的实在太少！有幸遇到 Jim 这样的合作伙伴，既深谙西方现代管理，又对中国充满兴趣；有幸遇到一班"死党级"朋友自始至终真心鼓励；有幸遇到林君秀老师和徐冰老师这样深负使命感的出版人鼎力相助，相信未来还会有太多机会矢志前行！

慕凤丽
2015 年 11 月